예배자를 위한 작곡 편곡

예배자를 위한 작곡 편곡

초판 1쇄 발행	2013년 12월 30일
지은이	양정식
펴낸이	가진수
펴낸곳	㈜워십리더미디어
편집디자인	최혜정
전화	070) 4632-0660
팩스	070) 4325-6181
등록일	2012년 5월 21일
등록번호	제 387-2012-000036호
이메일	wlm@hanmail.net
판권소유	ⓒ 워십리더 2013
값	12,000원

ISBN 979-11-951889-0-1 03230

"워십리더코리아(Worship Leader Korea)는 교회와 예배의 회복과 변화, 부흥을 위해 설립되었습니다. 예배사역자의 영적, 질적 능력의 배양, 성도의 예배훈련 및 교육, 통일을 대비한 예배훈련센터의 건립, 디아스포라의 한국 예배 공유와 협력을 지향합니다."

「이 책의 모든 내용은 저작권 보호를 받으므로 무단전제와 복제를 할 수 없습니다.」

(Printed in Korea)

예배자를 위한 작곡 편곡

양정식 지음

"서울신학대학교 개교 100주년 기념사업의 일환으로 연구비를 지원받아 제작되었음"

"내가 아는 모든 것은, 나는 하나님을 찬양하기 원한다는 것이다.
비록 아무도 듣기를 원치 않더라도, 하나님만은 들으실 거라고 믿는다.
만약 그것이 홀로 하나님을 찬양하는 것을 의미한다 해도 나는 그렇게 하겠다."

-론 케놀리 목사/호산나뮤직대표 예배목사-

들어가는 글

　15년 전 유학의 길에 오르던 때를 기억한다. 아무런 안내서와 지침서가 없이 예배의 자리를 떠돌아다니던 시간들이 있었다. 좀 더 멋진 예배와 찬양이 드려지는 곳을 찾아 이곳저곳에서 갈급한 마음으로 나를 채우기 위해 목말라했던 시간이었다. 음반을 틀어놓고 찬양팀들과 함께 똑같이 따라하며 그렇게 하는 것이 잘하는 것처럼 매주 회중들 앞에 혼신을 쏟아 부었다. 음반 속에 갇힌 나를 발견하는 시간이었다.

　찬양학교와 예배학교를 다니던 때였다. 수많은 예배자들과의 교제를 통해 한국 교회에 예배를 위한 지침서와 안내서가 필요하다는 도전을 받았다. 그래서 작은 경험들과 지식들을 모아 21세기 목회자와 예배자를 위한 예배 사역 지침서인 "성실한 마음 공교한 손(2011년, 예솔)"을 출간하였다. 나의 갈급함과 부족함을 그대로 담아 놓았던 시간이었다.

　그동안 강단에 설 때마다 많은 학생들과 예배 팀으로부터 "음악적 훈련을 받을 수 있는 실제적이고 구체적인 음악교과서는 없는가?"라는 잦은 질문을 받았다. 서점에서 출간된 예배 훈련과 관련된 서적들을 수집하며 든 생각이 하나 있었다. 그것은 성실한 마음을 가진 예배자의 자세와 마음 그리고 삶의 현장에서의 훈련을 담은 책들이 대부분이었다. 이런 마음에 하나님께서는 곧 '공교한 손'을 가지기 위한 보다 구체적인 음악훈련서가 필요하다는 도전을 주셨다. 막연했지만 유학시절 나를 훈련시키시며 가르치셨던 귀한 동역자들의 경험들과 이야기들을 담은 낡은 공책들과 책들을 다시 꺼내 들었다. 어디서부터 정리를 해가야 할지, 단어 하나조차도 생소한 음악훈련과정부터 정리키로 하였다. 그리고 이것을 구체적으로 어떻게 적용할 수 있을지를 고민하였다. 그래서 '나의 찬송을 부르게 하라'시는 하나님의 명령을 스스로 수행할 수 있는 이 땅의 모든 예배자들이 되기를 소망하는 마음을 각 장마다 담아 보았다.

　밝혀두지만 이 걸음은 시작일 뿐이다. 끝없는 골방에서의 기도와 말씀훈련이 동반되지 않는다면 하늘의 보좌를 흔들 수 있는 찬양은 허공을 울리는 꽹과리 소리일 수밖에 없다. 부디 이 책을 통해 많은 예배자들이 하나님의 이야기가 담긴 자신들의 찬양을 만들어 자유 할 수 있기를 소망한다!

　마지막으로 이 책이 나오기까지 섬김과 헌신으로 함께해 준 제자들에게 우선 고마움을 전하고 싶다. 아울러 모든 편집과정을 발로 뛰며 섬겨주신 〈워십리더코리아〉의 대표 가진수 목사님과 편집자 선생님들께 감사드린다. 특별히 시간과 열정 그리고 모든 노하우를 전수해 주시며 늘 겸손한 동역자이자 친구가 되어주신 리쉬(Liesch) 교수님께 깊은 감사의 맘을 담아드린다.

성주산 골짜기에서 양정식

예배자를 위한 작곡 편곡

CONTENTS

들어가는글(Introduction) 06

Part One 리듬을 다루는 법(Rhythmic Freedom)
1. 선행하는(Anticipating) & 후속하는(Delaying) 악절(Phrases) 11
2. 수축하는(Contracting) & 확장하는(Expanding) 악절(Phrases) 25

Part Two 선율을 꾸미는 법(Melodic Ornamentation)
3. 접근음(Notes of Approach) 39
4. 이탈음(Notes of Departure) 55
5. 선율음들 간의 연결(Connecting Melody Notes) 73

Part Three 선율을 새롭게 만드는 법(Melodic Re-Design)
6. 주선율의 대체, 제외, 전위 99
    (Replacing, Subtracting, Inverting Melody Notes)
7. 통합하여 적용하기(Integrative Improvisation Projects) 121

Part Four 개성있는 즉흥 연주법(Improvising Stylistically)
8. 다양한 음계를 이용하여 꾸미기 131
    (Embellishing with the Universal Scale)
9. 가스펠과 블루스의 기초(Basics of Blues & Gospel) 149

Part Five 보다 정교한 선율 만드는 법
    (Extended Melodic Elaboration)
10. 음색과 선율의 확장(Color Tones – Extensions) 171
11. 동형진행을 통한 선율 연결 201
    (Achieving Continuity through Sequences)
12. 새로운 선율과 울림 만들기(Creating New Lines, Echoes) 213
13. 작은악절, 큰악절, 곡 전체를 새롭게 조합하기 229
    (Reshaping Phrases, Paragraphs, Whole Pieces)
14. 자유 즉흥연주 (Free Improvisation) 235

Part One

리듬을 다루는 법
(Rhythmic Freedom)

1. 선행하는(Anticipating) & 후속하는(Delaying) 악절(Phrases)　　　11

2. 수축하는(Contracting) & 확장하는(Expanding) 악절(Phrases)　　　25

예배자를 위한 작곡 편곡

Chapter 1

선행하는(Anticipating) & 후속하는(Delaying) 악절(Phrases)

먼저 찬송가나 워십곡을 연주 할 때 즉흥적으로 리듬을 만드는 방법을 배우고자 한다. 이를 통해 기존의 선율선을 사용하여 선행하거나 후속하는 선율선(Melody line)들을 만드는 경험을 하게 될 것이다. 이것들은 기존의 선율 앞이나 뒤에서 꾸며주는 역할을 한다.
이제 기본적인 부분들을 시작해 보자. 1장에서는 선율은 바꾸지 않고 리듬만 바꾸고자 한다.

우리는 1장과 2장을 통해 자유롭게 리듬을 활용하는 방법, 선율 안에서 노래와 연주, 음정의 유지, 다양한 감정의 표현 그리고 리드미컬하게 곡이 변화하는 것들을 배우게 될 것이다. 이러한 훈련들을 통해 음악 안에서 다양한 표현력을 구사하게 되는 것이다.

선행하는 것과 후속하는 것(Anticipating & Delaying) "예수 사랑하심은"

즉흥연주법을 습득하기 위해 다양한 음악적 기술을 알아야 한다. 이를 위해 이미 알고 있고 꾸며져 있는 간단한 선율의 곡을 살펴보자. 먼저 "예수 사랑하심은"의 주선율을 들어보자.

이번엔 새롭게 만들어진 다양한 당김음 사이에서 앞서 나오거나 뒤늦게 나오는 선율선이 어떻게 들어가 있는지 보라.

Chapter 1

예제 1.1 예수 사랑하심은

음들을 기존 박자의 뒤로 느려지게 했을 때 기존 박자의 앞부분이 어떻게 연주되는지 보라. 때로는 기존의 리듬과 즉흥적으로 만들어진 리듬이 함께 겹치는 것을 볼 수 있다.

후속하는 작은악절(Delaying Musical Phrases)

"예수 나의 견고한 반석"에서는 음이 다른 길이로 지연되는 것을 간단히 볼 수 있다. 먼저, 두 마디의 기존 선율과 박자를 보자.

예제 1.2

아래는 첫 번째 마디 부분 도입을 반 박자, 한 박자 쉬고 들어가는 것을 보여주고 있다. 이와 같은 방법으로 한 박자 반, 두 박자 등으로 쉬고 들어갈 수 있다.

예제 1.3 다양한 길이의 지연

4a : Half Beat Delay

4b : Whole Beat Delay

Chapter 1

위의 것 중 어느 것이 가장 마음에 드는가? 반 박자 쉼과 한 박자 쉼이 기존 선율보다 리듬의 불균형으로 인해 가사를 강조하는데 보다 강한 느낌을 준다는 것을 알았는가?
다시 한번 노래와 연주를 통해 위의 예를 확인해 보라. 처음에는 후속하는 것이 불안정해 보이지만 이것들이 음악적이고 감정적인 의미를 가지고 있음을 이 장이 끝나기 전에 알 것이다.

"사모합니다" 를 통해 적용해 보자. 방법은 8분쉼표, 4분쉼표, 점4분쉼표로 제한한다.

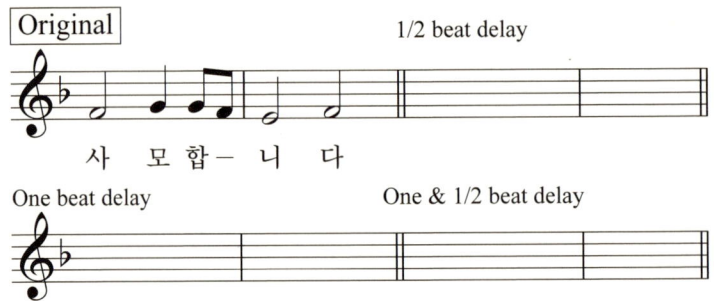

예제 1.4 후속하는 연습(Delay Exercise)

너무 간단한 리듬인가? 어려운 리듬을 원하는가? 셋잇단음표를 사용해 후속하는 것을 생각해 보라.

예제 1.5 셋잇단음표 후속하는 예(Triplet Delay)

셋잇단음표를 이용한 느낌을 "사모합니다" 의 모든 부분에 적용할 수 있겠는가?

예제 1.5 적용(Improvise)! "사모합니다"
셋잇단음표를 이용한 "사모합니다" 곡을 이용해서 기존의 곡을 연주해 보라. 이를 위한 악보는 예제 1.10을 활용하라.

선행하는 작은악절(Anticipating Musical Phrases)

다양한 선율선을 만들 수 있는 또 다른 방법은 주어진 주선율음보다 앞서 나오도록 연주하는 것이다. 이것은 기존의 "주의 이름 높이며" 이다.

예제 1.6a "주의 이름 높이며"

다음 예는 첫 마디에서 16분음표와 8분음표를 기존 선율 앞에 사용한 것이다.

예제 1.6b 16분음표 사용

예제 1.6c 8분음표 사용

아래와 같이 반복되는 세번째 가사 소절에 좀 더 급진적으로 변화를 줄 수도 있다.

당김음의 조화
(Balancing Out-of-Sync with In-Sync)

보다 다양한 예를 보기 전에 우리는 다른 논쟁점을 살펴봐야 한다. 이것을 살펴볼 때에는 음이 당겨지는 것과 긴장을 주는 것, 풀어주는 것, 안정감과 불안정감을 함께 보아야 한다. 때때로 우리는 단조로운 당김음을 너무 많이 사용하기도 한다. 만약 우리가 한 소절이나 두 소절에서 당김음을 사용한다면 다시 기존의 박자로 돌아오는 것을 염두해 두어야 한다. 이것을 설명하면 다음과 같다.

예제 1.8 박자 안의 음악이 뒤따르는 벗어난 당김음의 활용

위의 예에서 보면, 첫 마디과 두 번째 마디에서 반 박자 앞서 나오는 것이 보인다. 하지만 세 번째 마디에서는 이것이 멈추고 있다. 세 번째 마디에서는 당김음을 사용하지 않았고 가사 '몸과 마' 부분에서 기존 곡의 느낌으로 다시 돌아왔다. 이것은 변화를 주었다가 다시 돌아오는 예를 보여 준다. 이 두 가지가 조화를 이루어야 한다.

아래의 예는 기존 곡의 노래 1과 리듬에 변화를 준 노래 2와 노래 3을 보여준다. 각각의 부분을 연주하며 노래해 보라. 또한, 기존의 멜로디와 함께 앞서 나오는 부분과 뒤늦게 나오는 부분들이 다양함 가운데 어떻게 조화를 이루는지 경험해 보라.

예제 1.9

Chapter 1

처음에는 변화를 조금 주고 점점 큰 변화를 주라. 그리고 두 개의 박자 이상의 변화는 주지 말라. 마디마다 한 번씩의 변화를 주도록 해야 한다.

이 곡을 통해 두 번, 세 번 반복하면서 멈추지 말고 계속해서 연습하라. 만약 우리가 반주 없이 연주나 노래를 한다면, 손가락이나 발로 박자를 세면서 새로운 박자를 만들어야 한다. 또한 셋잇단음표 박자 연습도 게을리 해서는 안된다.

예제 1.10 적용(Improvise)! "사모합니다"

찬송가와 캐롤에 있는 당김음
(Syncopation in Hymns and Carols)

당김음은 전통적인 찬송가와 캐롤에 새로운 에너지를 준다. 다음의 두 곡을 통해 이 사실을 알 수 있을 것이다.

예제 1.11

위의 점4분음표의 변화는 리듬의 생명력을 불어넣어 주며 솔로 같은 효과도 준다. 또한 당김음은 4/4박자 안에서 첫 박이나 세 번째 박자에서 자주 나타나지만 사실 어느 박자에서나 당김음은 나타날 수 있다.

예제 1.12 "예수의 피 밖에 없네"

Chapter 1

고요한 밤 거룩한 밤(Silent Night)

아래의 예를 통해 우리는 노래 2와 3의 당김음의 변화를 알 수 있다. 소절의 구조에서 음악적으로 손실이 될 부분은 피하면서 한 번에 리드미컬하게 조정하는 것이 유익하다. 너무 자유롭게 하는 것은 오히려 혼란을 줄 수 있다.

예제 1.13 "고요한 밤 거룩한 밤"

노래 3의 셋잇단음표는 스윙의 느낌을 주고 있다. 4/4박자에서 스윙의 느낌을 주려면 12/8박자 아니면 아래와 같이 노래3의 3/4박자를 9/8박자 안에서 사용할 수도 있다.

예제 1.14 9/8박자

9/8박자안에서 우리는 좀 더 많은 공간감을 얻을 수 있다.

예제 1.15 적용(Improvise)! "고요한 밤 거룩한밤"

앞서 나오거나 뒤늦게 나오는 것 모두 적용하면서 중간에 당김음도 사용해 보라.

예제 1.16 적용(Improvise)! "모든 능력과 모든 권세"

선행(Anticipating)이나 후속(Delaying)을 통해 꾸며 주는 것은 박자(beat)의 관점을 보다 중요시한 경향이 있다. 다음 장에서는 수축(Contractions)과 확장(Expansions)을 통해 악절(Phrase)의 관점에서 살펴볼 것이다.

예배자를 위한 작곡 편곡

Chapter 2

Chapter 2

수축하는(Contracting) & 확장하는(Expanding) 악절(Phrases)

주어진 악절(phrase)은 앞서 나오거나 뒤늦게 나와서 꾸며주는 것과 수축(contracting), 확장(expanding)되기도 하면서 꾸며지기도 한다. 이번 장에서는 좀 더 다양한 리듬의 활용을 통한 꾸밈음들의 풍성함을 배우게 될 것이다.

수축(Contraction)

첫번째 라인에서 주어진 선율은 모두 여덟박자 길이이고, 두번째 라인에서는 전체 선율의 길이가 세박자 반이다. 이를 통해 음악적으로 극적인 공간을 만들고 비움을 경험할 수 있다.

예제 2.1 수축(Contractions)

아래 알렐루야 부분의 노래 2와 노래 3은 완전히 다르다. 노래 2는 뒤에서 후속하는 방법과 수축된 악절을 사용하였다. 비록 리듬이 계속적이고 에너지를 강조하지만, 매끄럽고 부드러우며 묵상적인 분위기를 나타낼 수도 있다. 창조적 느낌 안에서 긴 침묵은 이 악절과 좋은 요소 사이에서 만들어 진다. 또한 이러한 공간은 가사에 더 집중하도록 만든다. 확장된 침묵(고요함)은 악절과 음악적으로 창조적인 다양한 요소들 안에서 나타난다.

노래 3은 반 박자 늦어지게 꾸며주는 것을 처음부터 끝까지 유지하고 있다.

Chapter 2

예제 2.2

확장(Expansion)

리드미컬한 유용성(다양한 리듬)을 만들기 위한 또 한가지 방법은 긴 음표나 늘여진 음표들 또는 악절을 음악적으로 나누는 것이다. 선택된 선율을 확장하거나 음악적 악절을 나누어야 한다. 그러나 주어진 악절과 음표들의 길이를 유지하기 위해서는 아래의 예에서 보여지는 것처럼 늘여진 곳 뒤에는 반드시 짧은 음표들로 채워져야 한다. 아래의 예가 이것을 증명해 준다.

예제 2.3 "면류관 가지고"

예제 2.4 "How Majestic"

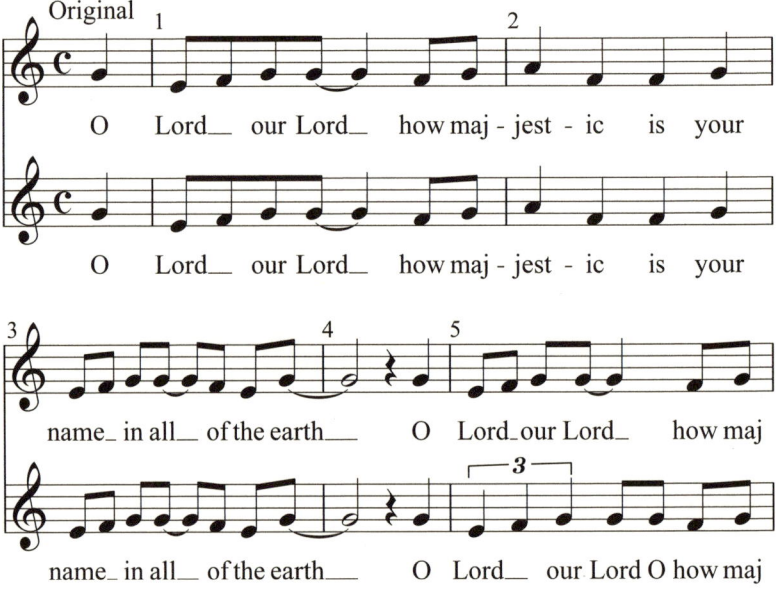

다섯번째, 일곱번째 마디에서 주기적인 확장이 일어나고 있다. 일곱번째 마디의 두번째 라인에 4분음표로된 셋잇단 음표가 첫 번째 라인에서는 4개의 8분음표로 각각 나타난다.
또한 다섯번째 마디에서는 가사에도 변화를 주었다.

아래 예에서 "평"은 확장시켰고, "생에"는 수축시켰다.

예제 2.5 "내 평생에 가는 길"

아래 보기의 확장과 수축이 잘 반영되었다. 특히, 느린 곡조에 들어간 셋잇단음표는 느린곡 중에 최고라고 할 수 있을 만큼 상당히 잘 표현되었다.

예제 2.6 "내 평생에 가는 길"

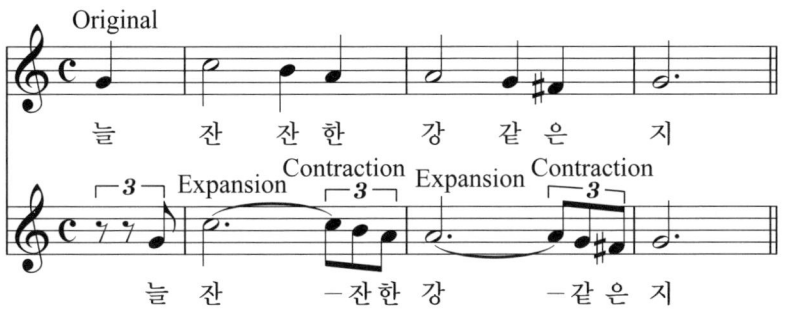

이제 이 곡을 같이 연주해 보면서 감정의 효과적인 표현을 느껴보라.

예제 2.7 "내 평생에 가는 길"

Chapter 2

두번째 라인에 있는 확장의 변화는 기존의 딱딱한 선율을 부드럽게 하고 좀 더 유연한 리듬을 만들어 준다. 또한 "잔잔한", "강 같은"부분에서 가사의 감정적인 전달을 도와주고 있다. 또한 강조된 박자의 연속은 "큰 풍파로" 부분을 기존의 부분과 다르게 강하면서 결단의 감정을 잘 호소하고 있다. 이제 이 곡의 전체 부분을 연주하면서 적용해 보자.

실습과제(Improvisation Assignment)
"이날은 이날은"

예제 2.8

예제 2.9

이 곡은 종종 많은 당김음을 가지고 부르는데, 당김음은 연결음을 가지고 나타나며 주로 4/4박자의 첫째, 셋째 박자 전에 나타난다.

우리는 많은 당김음의 느낌을 살려서 앞과 뒤에 꾸며주는 선율을 만들어야 한다. 그리고 어떠한 리듬을 유지하기 원한다면 하나됨을 유지해야 한다. 기존 선율의 다양한 박자의 변형에 도움이 되는 자료가 아래에 있다.

예제 2.10

예제 2.11 다른방법

예제 2.12 다른방법-2

예제 2.13

예제 2.14 다른방법

예제 2.15 다른방법-2

적용하라!! 기존의 곡에 당김음이 사용되면서 수축과 확장, 앞과 뒤에서 꾸며주는 방법들을 사용하라.

즉흥연주실습! (Improvise!)

"모든 능력과 모든 권세"의 후렴구에는 수축과 확장, 선행, 후속하며 꾸며주는 방법들이 사용되었다.

왜 우리가 예배 안에서 가장 최선의 방법으로 배운 것들을 적용해야 하는지 아는가? 즉흥적으로 예배 안에서 연주 할 수 있는 능력을 갖춘(훈련을 받은)/준비된 연주자들은 영적인 흐름과 사람들의 하나님을 향한 반응을 보다 자유롭게 표현할 수 있기 때문이다.

평가와 조언의 방법 (Giving Feedback)

우리가 적용하고 연주 할 때 다른 연주자들과 의사소통은 매우 중요하다. 관계를 깨뜨리지 않고 서로의 의견을 조율할 수 있는 방법은 없는가? 여기에 몇 가지 기본적인 원리가 있다.

1. 우선 자신의 전반적인 의견을 분명히 전달하라.
2. 건설적으로 말하되 정직하게(마음에 들지 않는 부분) 말하라. 즉흥 연주가들은 비평적으로 보고 판단할 수 있어야 한다.
3. 비록 작은 부분에 대한 것이라 할지라도 수고와 노력에 격려와 칭찬을 해 주라.
4. 항상 최대한의 예의를 갖추어 인격적으로 상대에게 사랑을 보여주어야 한다.
   "경우에 합당한 말은 아로새긴 은쟁반에 금사과니라." (잠언 25:11 KRV)

Chapter 2

5. "최고다", "나쁘다" 라는 말처럼 극단적인 단어는 피하라. 극단적인 말은 극단적인 반응이 따라온다.
6. 자신을 다른 사람과 비교하여 상처를 받지 말라.
   "형제를 사랑하여 서로 우애하고 존경하기를 서로 먼저 하며." (로마서 12:10 KRV)
7. 계속해서 노트에 생각한 것을 적용하며 연습하라.

음악에 대한 반응을 받아들이는 방법
(Receiving Feedback)

1. 동료들의 반응을 환영하라. 진짜 적은 내 안에 있는 방어적인 자세이다.
   "재물은 진노하시는 날에 무익하나 의리는 죽음을 면케 하느니라." (잠언 11:4 KRV)

2. 마음을 열고 성령의 가르침을 받으라.
   "의인이 나를 칠지라도 은혜로 여기며 책망할지라도 머리의 기름같이 여겨서 내 머리가 이를 거절치 아니할지라 저희의 재난 중에라도 내가 항상 기도하리로다." (시편 141:5 KRV)
   "생명의 경계를 듣는 귀는 지혜로운 자 가운데 있느니라." (잠언 15:31 KRV)

3. 모든 반응이 적절하지 않지만, 지혜롭게 그 가운데 배울 것을 취하라. 모든 반응이 다 유익한 것은 아니기 때문이다.
   "어리석은 자는 온갖 말을 믿으나 슬기로운 자는 그 행동을 삼가느니라." (잠언 14:15 KRV)

Part Two

선율을 꾸미는 법
(Melodic Ornamentation)

3. 접근음(Notes of Approach)   39

4. 이탈음(Notes of Departure)   55

5. 선율음들 간의 연결(Connecting Melody Notes)   73

예배자를 위한 작곡 편곡

Chapter 3

Chapter 3

접근음(Notes of Approach)

이번 장에서는 주어진 음악 안의 공간을 통합하는 훈련을 통해 작, 편곡과 즉흥 연주의 기초를 익히게 될 것이다. 아울러 고전음악을 바탕으로 한 음악이론을 포함하여 장식음들을 파악하고 분류하는데 도움이 될 적절한 어휘를 습득하게 될 것이다. 실제 많이 활용되는 주선율로의 접근 방식들을 소개한다.

각 (Angles), 선 (Lines), 굴곡 (Curves)

기존선율에 음높이(pitch)를 추가하거나 빼고 대체하는 방법들을 다루려한다. 이 과정에서 광범위하고 적극적이며 보다 더 자유로운 결과물이 나올 것이다. 이 장에서는 선율에 음을 추가하는데 집중할 것이다.

여기에는 선(Lines), 각(Angles), 굴곡(Curves)의 세 가지 기본형태가 있는데 어떻게 하면 이 모양들을 만들 수 있을까? 일단 시작해 보면 상상하는 것보다 훨씬 쉽다. 도움이 될 만한 방법은 선율 모양을 표시하거나 상상하는 것이다. 우리의 상상력을 조금 사용해보자. 이를 위해 최소한 두 개의 음악적인 선(Lines)이 형성되야 한다는 것을 먼저 이해해야 한다. 음악에서 근접 음들(adjacent notes)은 짧거나 긴 줄(line)을 형성할 수 있다.

예제 3.1 선(Lines)

분리된 음들은 서로 같은 선(line)의 방향으로 머물 수 있다.

예제 3.2 도약된 음정을 가진 선(Gapped Lines)

Chapter 3

두 개의 서로 다른 방향으로 움직이는 선들을 이은 세 개점들의 각도는 기하학적인 모양을 형성하기도 한다. 즉 다른 방향으로 진행될 수 있다. G#에서 B로 도약하여 점프하고, A로 다운되기도 한다.

하나의 선율 꾸미기(Ornamenting a Single Note)

음높이를 변형 하는데는 네가지의 방법이 있다. 아래에서부터, 위에서부터, 주변으로부터 또는 이탈음을 통해 접근하고 시작할 수 있다. 주어진 B음을 중심음으로 하여 이야기해 보자.

기본형식과 음악용어
(Basic Shapes & Terminology)

두 가지 방법으로 선율을 장식할 수 있다. 도입꾸밈음(Intensors)과 후속꾸밈음(Extensors)을 구성하고, 중복꾸밈음(Flexors)과 돌림꾸밈음(Circumflexors)으로 나눌 수 있다. 하나, 둘, 또는 세 개 이상의 장식을 사용하여 선율에서 접근하거나 출발 할 수 있다.

예제 3.7 도입꾸밈음(Intensors) & 후속꾸밈음(Extensors)

위에서 시작할 때 주의하라. 출발음에서부터 반음이나 온음으로 가라. 모두 곡선 또는 직선 모양을 갖추고 있다.

예제 3.8 중복꾸밈음 (Flexors)과 돌림꾸밈음 (Circumflexors)

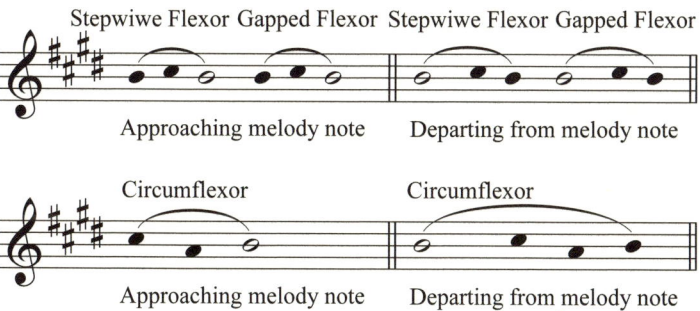

Chapter 3

접근음(Notes of Approach):
도입꾸밈음(Intensors), 겹/중복꾸밈음(Flexors)

들어오는 음을 사용하여 순차음에 의해 주선율음에 접근하고, 리듬 활동의 수준을 맞출 수 있다.

예제 3.9 순차적 도입꾸밈음(Stepwise Intensor)

또는 3도, 4도 등으로 도약하여 선율에 접근할 수 있다. 즉, 선율간의 간격이 벌어질 수 있음을 의미한다.

예제 3.10 도약도입꾸밈음(Gapped Intensor)

도입꾸밈음을 활용하여 주선율을 꾸며보자. 참고로 도입꾸밈음은 화음 안에 있거나 주어진 화음에 속하지 않은 음을 통해 나타나기도 한다. 더 나아가서 순차적 또는 도약적인 짧은 직선의 움직임을 통해서도 주선율을 장식한다.

예제 3.11 순차 또는 도약도입꾸밈음(Stepwise and Gapped Intensor)
"나를 향한 주의 사랑"(I Could Sing of your Love Forever)

기억하라!! 좀 더 감각적으로 음들을 배열하거나 시각화하는 편곡작업에 도움이 되는 두 가지 접근 방식이 있는데, 그것은 두 개의 장식 선율이 순차적으로나 도약적으로 위 또는 아래에서 직선음형을 형성하며 기존의 주선율에 접근하는 것이다.

예제 3.12 순차 도입꾸밈음(Stepwise Intensor)

예제 3.13 도약 도입꾸밈음(Stepwise Intensor) "나를 향한 주의 사랑"
(I Could Sing of Your Love Forever)

위의 형태는 더 많거나 적은 직선에 있다. 굽은 도약 도입꾸밈음은 음악적으로 유용하다.

예제 3.14 도약도입 꾸밈음(Gapped Intensor)

예제 3.15 굽은 도약 도입꾸밈음(Bent Intensor)

E 와 F#을 살펴보자. 구부러진 또는 편향 파도가 도입꾸밈음의 직선 유형에 매력적인 대안을 증명하고 지그재그 각도의 종류를 만든다.
굽은 도약 도입꾸밈음과 같은 방향으로 순차적인 도입꾸밈음을 비교해 보자.

예제 3.16 비교(Comparison)

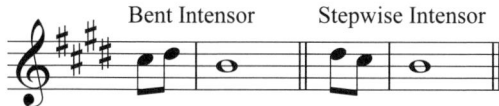

예제 3.17 비교(Coparison) "주님의 시간에"(In His Time)

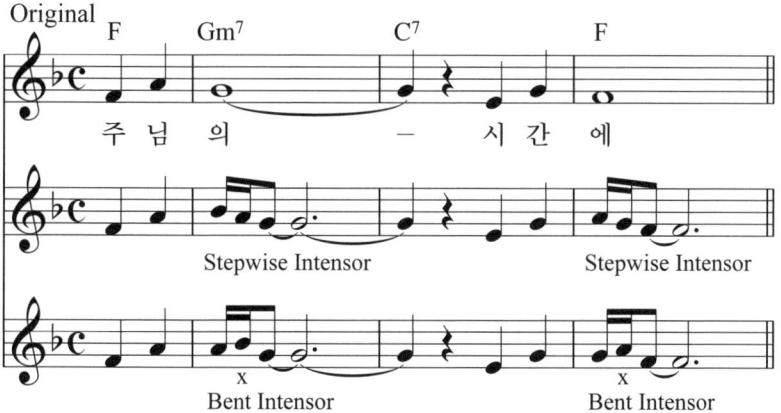

위의 예제에서 "X"표가 붙은 음들은 화음 밖의 음인 이탈음으로 간주 될 수 있다.

중복 꾸밈음 그룹(Flexor Family of ornaments)은 출발시 두 개 이상의 노트를 포함하고 있다. 선율을 참고로 구부릴 수 있다. 오름차순 또는 내림차순으로, 악센트 또는 악센트가 없는 선율 음 전이나 후에 빠르거나 느린 교대로 장식음을 꾸밀 수 있다.

돌림꾸밈음(circumflexors)들의 몇 가지 종류와 경우를 다음의 예를 통해 살펴보자.

예제 3.18 돌림꾸밈음(Circumflexors)

Chapter 3

앞에서 주선율에 접근하는 방식이 주로 선율 위 또는 아래에 위치된 반면, 주어지는 예들은 순환하는 모습을 보여준다. 아래의 돌림꾸밈음(circumflexsors)들을 살펴보자.

예제 3.19 돌림꾸밈음(Circumflexors) "I will Sing of Your Love Forever"

예제 3.20 중복꾸밈음(Flexors) - 접근된 선율과 선율선은 비슷하다
(Approach Note is the Same as the Melody Note)

이러한 모양은 뾰족하고 모호하고 주관적인 것으로 생각 될 수 있지만 오히려 음악에서는 팽창된 곡선의 느낌을 주기 때문에 훨씬 더 호감을 가지게 한다. 중복꾸밈음(Flexors)은 가장 일반적으로 사용되는 장식 중 하나이다.

예제 3.21 중복꾸밈음(Flexors) "나를 향한 주의 사랑"
(I could Sing of Your Love Forever)

위의 중복꾸밈음(flexors)들은 전통적인 이론 안에서 이웃음(Neighbor tones)으로 사용되었다. 순차적인 도입꾸밈음은 3개의 음을 이용해서도 가능하다. 3개의 음을 이용한 꾸밈음은 대게 순차적으로 형성되어 있다.

예제 3.22 순차적인 삼중 도입꾸밈음(Stepwise, Three-Note Intensors)

도약과 굽은 전타음도 가능하다.

예제 3.23 도약 삼중 도입꾸밈음(Gapped, Three-Note Intensors)

예제 3.24 굽은 삼중 도입꾸밈음(Bent, Three-Note Intensors)

아래의 굽은 모양들은 지그재그한 각도를 형성하고 있다. 간격이 넓은 경우, 급격하고 음악적으로 드라마틱하게 연출할 수 있다.

위의 마지막 예는 모호하다 : 방향 선이 설정되기 전에 굽은 모양이 형성된 것을 알 수 있다. 지금부터 다양한 삼중 돌림꾸밈음(circumflexors)으로 이동해 보자.

예제3.25 삼중 돌림꾸밈음(Three-Note Circumflexors)

예제 3.26 삼중 돌림꾸밈음(Three-Nore Circmflexor)의 적용 "주님의 시간에"

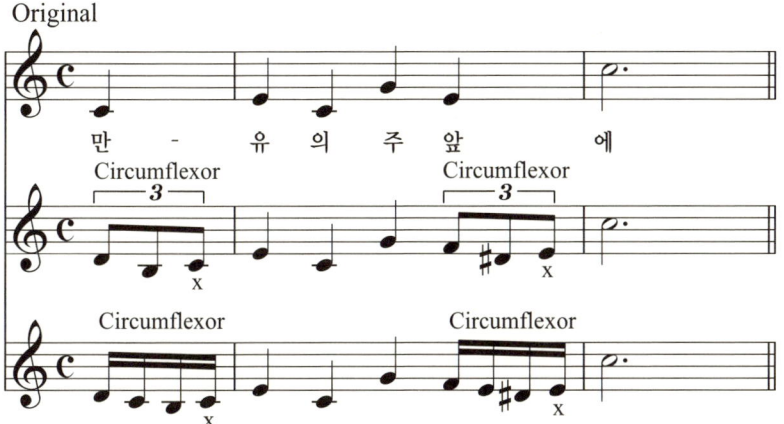

전통적으로 돌림꾸밈음(circumflexors)이라고 불리우며, 2번 라인에 circumflexors의 circumflexors를 가끔 '큰 점 이웃음들'(successive neighbors), '중복'(double) 또는 3번 라인은 '환원'(turn) 이라고 부른다. 더 나아가 이러한 꾸밈음들로 지연된 선율은 "x."라고 표기한다.

Model Example

지금까지 배운 주선율음에 다양하게 접근하는 방법들을 활용한 음악적 실례를 익숙한 찬양 중에서 살펴보도록 하자.

Chapter 3

예제 3.28 '주님여, 오소서'(Precious Lord, Take My Hand)

4중 또는 그 이상음들을 이용한 꾸밈음, 더 많은 음표들은 도입 장식에 추가된다. 마치 밀려오는 파도 형식의 꾸밈음들은 분류하기가 쉽지 않다. 물론 꾸밈음들의 명칭을 분류하는 것이 요점은 아니다. 이 장의 목표는 즉흥적으로 보다 유연성을 가지고 새로운 아이디어를 떠올릴 수 있는 창의적인 방법을 발견하는 것이다. 선율을 구성할 때 자신에게 물어보자: 어떻게 선율의 움직임과 모양을 만들고 포함하여 선율을 강화(enhance)하거나 개인화(personalize) 할 수 있을까?

접근 방식의 화려한, 정교한 장식을 형성할 때, 이를 단순화하기 위해 이전에 설명 된 다음 세 가지 기본 유형을 참조하라.

* 접근하는 유형이 주선율 위 또는 아래 자리잡고 있다면 이 경우에는 도입꾸밈음을 기반으로 한다.
* 장식음(ornamentation)이 주선율의 위아래를 포함한다면, 그것은 돌림꾸밈음(circumflexors)을 기반으로 한다.
* 장식음(ornamentation)이 주선율과 같은 음으로 시작한다면, 이는 중복꾸밈음을 기반으로 한다.

도입꾸밈음, 돌림꾸밈음, 그리고 하나의 선율음을 장식하는 중복꾸밈음 등을 기반으로 한 경우를 살펴보자.

예제 3.29 확장 굽은 꾸밈음(Expanded Bent Intensor)

도입꾸밈음 머리 부분의 두 음으로 구성된 굽은(꺾어진) 부분을 유의하라.

예제 3.30 확장 돌림 꾸밈음(Expanded Circumflexor)

다음은 세련된 반음관계를 포함한 여러개의 굴곡(curves, angles)을 가지고 확장된 돌림 꾸밈음의 예이다.

Expanded Circumflexor...

예제 3.31 확장 중복 꾸밈음(Expanded Flexor)

도약으로 이루어진 부드러운 아치모양에서 미끄러지듯 하행하는 중복꾸밈음이다. 조금 더 분석해 보면,

예제 3.32 위 예제 악보의 음형구조 보기

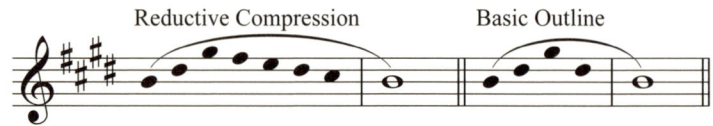

위의 예에서는 여러 음들로 구성된 주된 모양과 전체적으로 축소된 형태를 볼 수 있다.

위의 예를 통해 작은 음형들이 서로 결합하여 더 큰 전체 모양을 형성할 수 있다는 것을 알 수 있다. 이 원리를 활용한 보다 구체적인 내용들은 다음 장에서 살펴 볼 것이다.

기억하자! 아래에서나 위에서 또는 선율음을 둘러싸거나 하는 방법들을 통해 주어진 음악에 접근할 수 있는 있다.

예배자를 위한 작곡 편곡

Chapter 4

이탈음(Notes of Departure)

앞의 장들을 통해 다양한 꾸밈음들이 주선율 음으로 접근하는 여러 가지 장식의 경우들을 살펴보았다. 이번 장에서는 주선율로부터 떨어져 나오는 모습으로 장식하는 경우 가운데 이탈음(notes of departure)에 대하여 살펴보자.

꾸밈음들로 만들어진 선율의 진행방향이 주선율이 이끄는 진행방향과 비슷하거나 반대인 경우를 살펴볼 것이다. 먼저 장식선율의 시작이 주선율의 진행방향으로부터 반대로 떨어져 나와 만들어진 꾸밈음을 배워보자.

후속꾸밈음(Extensors), 중복꾸밈음(Flexors), 돌림꾸밈음(Circumflexors)

이탈음은 크게 두 종류로 분류된다. 하나는 한 주선율에 관계된 형태의 것과, 두번째는 두 주선율 사이에서 공간을 채우는 역할을 하는 것이다. 이번 장에서 첫 번째 경우를 다루고 두 번째 경우는 다음 장에서 다루기로 하겠다.

만약 "도"로 시작하는 선율이라면 이후에 순차적 이탈음의 형태로 위에 혹은 아래음으로 나타날 수 있다. 밑의 예에서 "x"는 Extensor인데 'ex'는 라틴어 어원으로 그 뜻이 "무엇으로부터 멀리 떨어지다", "벗어나다", "나가다" 등의 의미를 내포하고 있다.

예제 4.1 "C" 선율로 부터 순차적으로 멀어지는 예

하나의 후속꾸밈음과 이탈음 사이에는 중요한 관계가 있다. 이탈음은 후속꾸밈음(extensors)의 범위에 속해있다. 전통적으로 이탈음은 주선율의 화음이 속하지 않으며 순차적으로 나타났다가 반대의 방향으로 도약하면서 해결되어진 비화성음이다.

아래의 예를 보라. 각각의 첫번째 선율은 C major chord에 속한 음들이다.

예제 4.2 이탈음

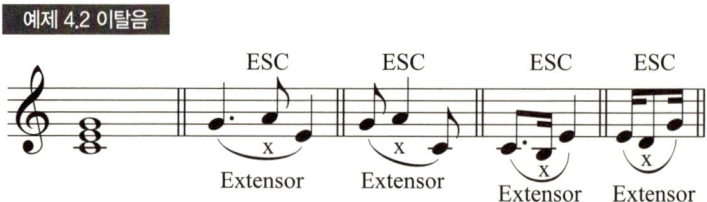

이탈음은 대부분의 경우 화음색 안에서 나타나고 해결된다.

예제 4.3 이탈음 "나의 마음을 정금같이"(Refiner's Fire)

이것은 가장 많이 사용되는 방법이다. 위에서 F#이 이탈음이다. 아래에서 두 가지 예를 더 살펴보자.

예제 4.4 이탈음 "주님의 시간에"

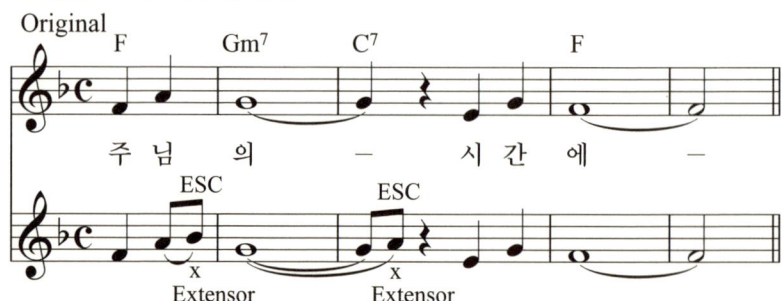

첫번째 예제에서는 이탈음에 대한 아주 명확한 느낌을 주고 있다. 두번째 예제는 이탈음의 범주에서 고려할 수 있으나 불규칙한 사용의 예로 해결되지 않는 경우를 보여준다. 하지만 이탈음은 훨씬 더 광범위한 영역에서 다뤄진다. 다시 말해 후속꾸밈음들도 도약진행이 가능한 경우를 포함한다는 것이다.

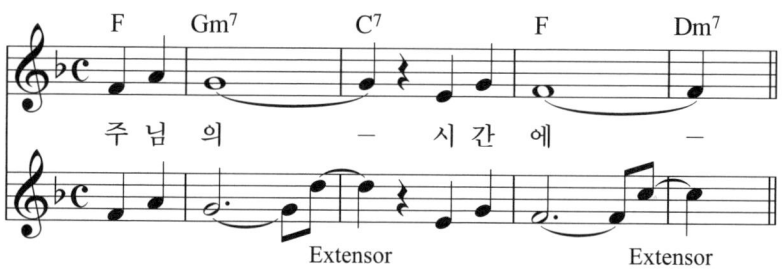

떨어져 나온 꾸밈음은 순차적으로 움직이거나 도약하기도 한다. 먼저 순차적으로 움직이는 꾸밈음을 보자.

예제 4.7 순차적으로 이탈하는 중복꾸밈음(flexor) "좋으신 하나님"(God is So Good)

다음은 도약꾸밈음이다. Am와 F chord 각각에 속한 편차꾸밈음(A–C and F–A)들은 아래와 같다. 이는 싱어나 연주자들이 자연스럽게 곡을 장식해서 연주하기에 쉬운 방법이다. 즉흥적으로 연주하는 자들은 무의식적으로 화음을 향해 음을 도약할 수 있다.

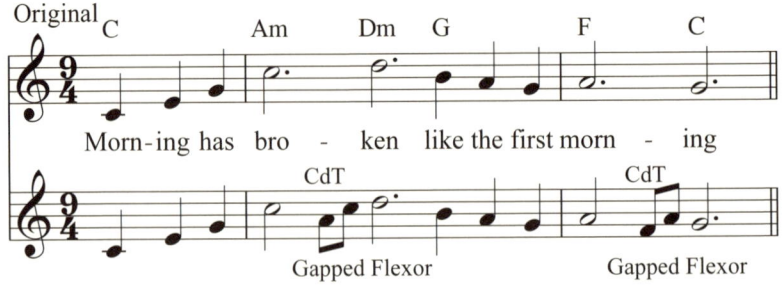

예제 4.8 도약중복꾸밈음(Gapped Flexor) Morning has Broken

도약꾸밈음은 큰 간격의 음도 될 수 있다. 다음 예제에서는 6도 도약을 살펴보자.

예제 4.9 도약꾸밈음 "거룩거룩거룩"

두 개 음표로 구성된 후속꾸밈음은 앞서 배운 것과 같이 위나, 아래로 순차적으로, 또는 도약하여 사용될 수 있다.

예제 4.10 C음으로 부터 순차적인 후속꾸밈음

예제 4.11 C음으로부터 도약하는 후속꾸밈음

예제 4.12 도약후속꾸밈음(Gapped Extensor) "주님의 시간에"

도약후속꾸밈음은 한 화성 안에서 아르페지오 느낌으로 채울 수 있지만 두 개의 선율이 함께 있을 때는 다르다.

후속꾸밈음(Extensors)은 보통 같은 방향 안에서 순차적이거나 도약에 의한 두 선율 이상의 움직이는 음 안에서 존재한다. 그 모양은 좁아지거나 확장된 모습이다. 또한 굽은 후속꾸밈음(Beat Extensors)도 좋은 효과를 만들어 내기도 한다.

예제 4.13 C음으로부터의 벗어나는 굽은후속꾸밈음(Extensors) 진행

위의 꾸밈음들에서 각 마디의 처음과 마지막 선율음 사이의 상행하거나 하행하는 방향성은 보존되어진다.

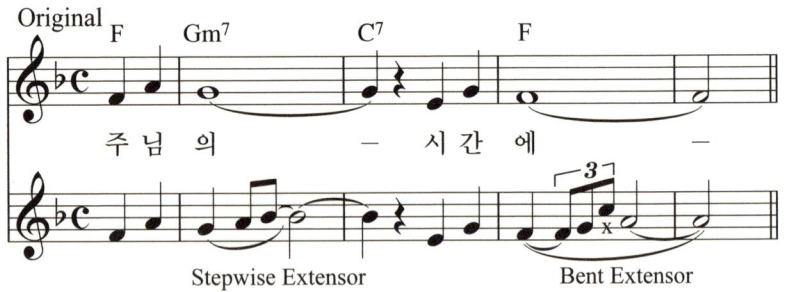

예제 4.14 순차적 후속꾸밈음 & 굽은 후속꾸밈음 "주님의 시간에"

돌림꾸밈음이 주선율로부터 쌍으로 벗어나는 경우를 살펴보자.

예제 4.15 돌림꾸밈음(Circumflexors) "좋으신 하나님"(God is So Good)

시작하는 세 개의 음으로 구성된 주선율을 벗어나는 장식음들은 순차적으로 상행하거나 하행 또는 도약할 수 있다.

예제 4.16 C음으로 부터 시작하는 순차적인 3음 후속꾸밈음(Extensors)

예제 4.17 세 개의 음으로 상행하는 후속꾸밈음(Extensor) "사모합니다"

예제 4.18 세 개의 음으로 하행하는 후속꾸밈음(Extensor) "사모합니다"

예제 4.19 하행하는 후속꾸밈음(Extensor) "고요한 밤 거룩한밤"

특히 C 스케일의 큰 흐름이 연합 되어 질 때 이 후속꾸밈음(Extensors)들은 보다 두드러진 영향력을 보여준다.

이제 도약후속꾸밈음(Extensors)과 굽은후속꾸밈음(Extensors)을 살펴보자.

예제 4.20 C음으로부터 벗어나는 3음-도약후속꾸밈음

예제 4.21 C음으로부터 벗어나는 3음-굽은후속꾸밈음

주의하라!! 후속꾸밈음들은 다시 출발했던 주선율의 음으로 돌아가지 않는다. 그러면 이것들은 꾸밈음(tensors) 계열에 속한다.

예제 4.22 3음 굽은후속꾸밈음 "주님의 시간에"

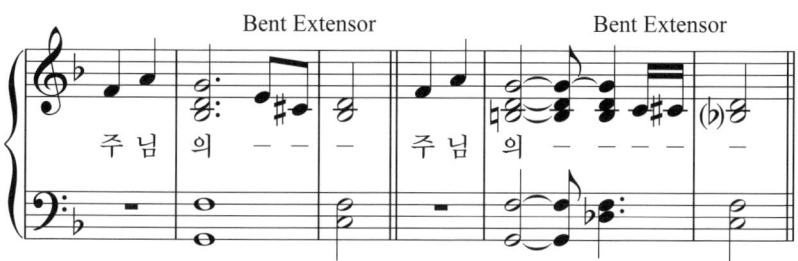

다음은 몇 가지 돌림꾸밈음들을 살펴보자.

예제 4.23 C음으로부터 시작하는 3음 돌림꾸밈음

선율 G와 E음을 전통적으로 "바뀌어지는 변화음"이라 부른다. 주어진 예의 꾸며진 두 음의 돌림꾸밈음은 닫혀진 형태이다. 왜냐하면 이 음들은 주선율로 다시 복귀하기 때문이다. 아래에서 장식음들의 경우로 다시 살펴보자.

예제 4.24 C음으로부터 시작하는 3음 순차꾸밈음

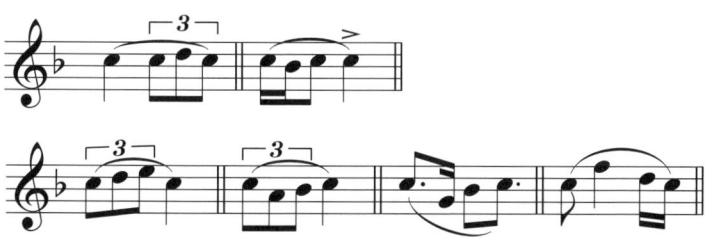

Chapter 4

주선율로부터 벗어나는 네개 이상의 음들. 이러한 움직임들은 높아질 수도 있고 낮아질 수도 있으며 순차적으로, 또는 도약하는 등의 변화를 줄 수 있다. 또한 항상 단순하든 복잡하든 장식음들의 곡선과 배치되는 자리에 대해 항상 고려해야 한다.

좀 더 다양한 중복꾸밈음들(Flexors)을 보자. 중복꾸밈음(Flexors)은 기존 선율 방향으로 돌아 온다는 것을 기억하라!

예제 4.25 꾸밈음들 "주님의 시간에"

첫 마디에서는 낮아졌고 두번째 마디에서는 높아졌는데 이것 또한 통상적으로 위(Upper) 또는 아래(Lower) 이웃음(Neighboring Note) 이라고 부른다.

예제 4.26 상행 또는 하행하거나 다시 기존 멜로디로 복귀하는 꾸밈음 "주님의 시간에"

여기서 몇가지 확장된 돌림꾸밈음들을 살펴보자. 돌림꾸밈음들은 주선율음을 포함하고 있다.

예제 4.27 C음으로 부터 시작한 닫히거나(Closed) 열린(Open) 확장돌림꾸밈음

닫힌 돌림꾸밈음은 주선율음으로 돌아오지만 열린 돌림꾸밈음의 경우는 그렇지 않다.

예제 4.28 닫힌 확장 돌림꾸밈음 "주님의 시간에"

예제 4.29 닫히거나 열린 확장 돌림꾸밈음 "주님의 시간에"

두번째의 예를 주의 깊게 살펴보자! 이 돌림꾸밈음은 주선율로 돌아오지 않는다.

아래의 확장된 후속꾸밈음(Extensors)은 좀 더 선적(linear)이다.

예제 4.30 멜로디 선율로부터 지그재그로 움직이는 후속꾸밈음(Extensor) "주님의 시간에"

적용!! 주선율로부터 벗어나는 꾸밈음들을 만들어 보라. 노래하거나 연주하면서 하나나 두 개 또는 세음이나 그 이상음들도 만들어보자! 적용할 수 있는 부분들이 많겠지만 음표 사이의 모든 공간을 채우려고 하지는 말라.

박을 늘리고 선행하는것에 대한 전체적인 균형을 잊지 말라. 제안한다면 먼저, 각각의 작은 악절을 분리하고 전체를 통해서 보면서 화음을 이룰 수 있는 변화를 주어야 한다.

예제 4.31 적용(Improvise)! "주님의 시간에"

Chapter 4

주선율 뒤에 오는 장식음들을 잘 활용한다면 "좋으신 하나님"(God is so Good)은 다른 곡처럼 아름답게 연주된다. 이제 이 곡을 빠른 템포로 연주해 보자.

예제 4.32 적용(Improvise)! "내 모든 삶의 행동 주 안에"

반복되는 모든 음표들은 어떻게 다뤄야 할 것인가? 두번째 라인 "내 모든 삶의" 가사 이후에 주선율 꾸밈이 긴 온 음표를 통해 나타난다. 이러한 훈련은 다른 부분들과는 차이점을 가지며 익숙해 지기 위해 더 많은 노력이 필요하다.

예제 4.33 적용(Improvise)! "참 반가운 성도여"

예제 4.34 적용(Improvise)! "예수로 나의 구주삼고"

결론

1. 선율 꾸밈음은 도입과 후속 꾸밈음들의 그룹으로 구성할 수 있다. 이러한 꾸밈음들은 음악이 시작될 때 주선율 안에 포함되면서 자연스럽게 하나의 음악적 그룹을 형성하게 된다.
2. 장식음들은 직선꾸밈음과 곡선꾸밈음으로 나눌 수 있다.
3. 장식음들은 순차, 도약 그리고 굽은 모양으로 보다 세밀하게 나눌 수 있다.
4. 전체적으로 보면 중복꾸밈음(flexors)과 돌림꾸밈음(circumflexors)은 곡선을 포함한다면 도입꾸밈음(intensors)과 후속꾸밈음(extensors)은 직선과 굴곡을 강조한다고 할 수 있다.

전통적인 화성학에서 다루는 비화성음(Non-chordal tones)들의 현대화 된 분류와 접근 그리고 실질적인 적용에 사용한 기호들을 정리하자면 다음과 같다.

예제 4.35

예배자를 위한 작곡 편곡

Chapter 5

Chapter 5

선율음들간의 연결(Connecting Melody Notes)

앞 장에서 우리는 단지 하나의 주선율을 꾸미는 일에 집중하였다. 이번 장에서는 반복되는 선율 사이에 순차적으로 또는 도약해서 사용하는 꾸밈음들을 확장시키는 것에 집중할 것이다. 또한 다양한 장식적인 연결구와 채움을 경험할 것이다. 훈련하는 동안 보다 창의적으로 느낌의 범위를 확장하고 작곡과 편곡을 위해 보다 다양하고 균형잡힌 악상들에 대해서도 초점을 맞추게 될 것이다.

꾸며지는 반복된 주선율 꾸미기

반복된 주선율들은 찬양에서 주로 후렴구에 나타난다.

예제 5.1

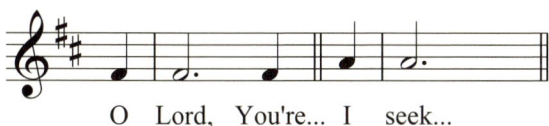

반복된 주선율 음표를 다양한 방법으로 꾸며주는 것을 살펴보자.

예제 5.2 꾸며진 반복된 선율들

위의 세 개의 라인 중에 어떤 라인이 가장 잘 꾸며졌다고 생각하는가? 세번째 라인은 사랑스럽고 부드럽게 깊고 높음 가운데 시작되었다. 기억하라!! 지금까지 우리가 공부해왔던 모든 꾸며진 구조들은 반복된 선율의 상황 안에서 사용되었다. "예수의 피 밖에"찬양을 살펴보자.

예제 5.3 "예수의 피 밖에"에서 반복된 선율들

예제 5.4 꾸며져 반복된 선율들 "예수의 피 밖에"

위에서 8분음표와 16분음표가 역동적 흐름을 만들어 낸 것을 주의 깊게 보자. "주 예수 이름 높이어" 라는 란 찬송에서 이웃선율은 후속꾸밈음(extensors)의 하위범주에 있음을 알 수 있다. 아래에서 한 옥타브를 거의 채우는 긴 꾸밈음이 나온다. 이것은 앞으로 전진하려는 힘과 추진력을 보다 강하게 만들어준다.

예제 5.5 꾸며져 반복되어진 선율 "주 예수 이름 높이어" (찬송가 36장)

예제 5.6 적용(Improvise)! 다음 주어진 악보에 반복된 선율들을 꾸며보라.

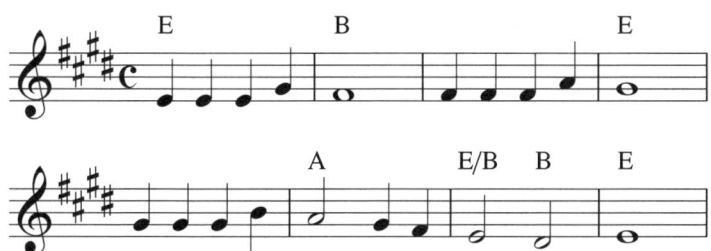

Chapter 5

3개의 4분음표 이후 꾸밈음은 한 박, 두 박 아니면 세 박정도 길어졌다. 다른 감명, 다른 느낌을 가지고 계속해서 해보자.

진행하는 주선율 꾸미기
(Ornamenting Stepwise Melody Notes)

악보에서 부분적으로 순차진행하는 주선율(C-D, A-G)을 보면, 도약꾸밈음(Gapped flexors)과 아르페지오로 된 화음의 돌림꾸밈음(circumflexors)에 의해 꾸며졌다.

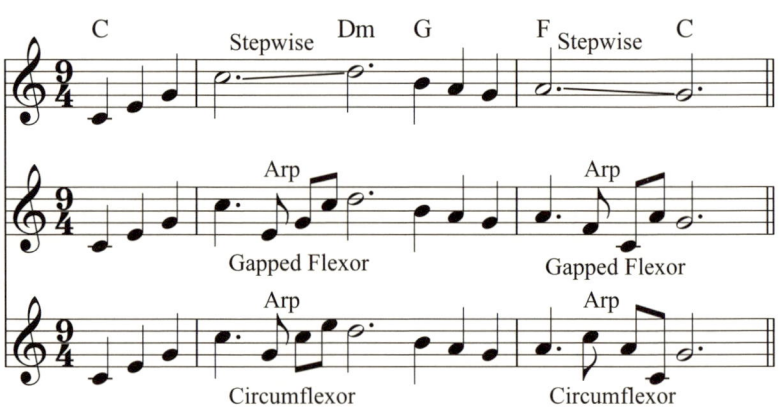

예제 5.7 아르페지오로 순차진행하는 주선율(음표)

도약꾸밈음(Gapped flexors)과 돌림꾸밈음(circumflexors)은 C Chord와 F Chord에 각각 속한다. 이 아르페지오가 그 라인에 적절한 느낌으로 적용되었는가?

때때로 아르페지오 안에서 재정비된 선율들에 의해서 꾸밈음들은 개선되었다. 예를 들면, 여섯가지 방법들은 간단한 3화음으로부터 만들어 진다. (박자적인 변화는 제외하고!)

예제 5.8 아르페지오를 이용한 다양한 3화음의 변환(Permutation)

다양한 연습은 좋은 결과를 이끌어 낸다. 여기서 연습을 해보자. 네 개의 음으로 구성된 한 화음이 아르페지오 형태로 반복되는 10가지 각각 다른 새로운 음형을 만들어 보라. 직접 악보를 그려보거나 연주하면서 보다 향상된 실력을 가지게 될 것이다. (힌트; 서로 다른 시작음을 이용하자!)

예제 5.9

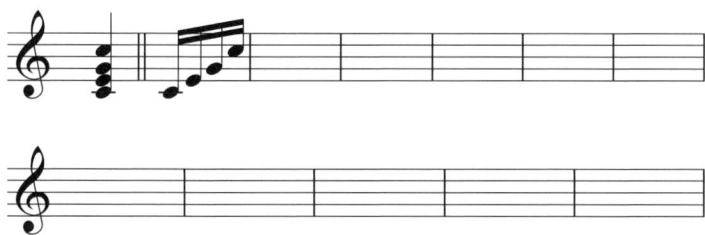

예배 중에 연주를 할 때 계속해서 아르페지오에 변화를 줄 수 있는 새로운 가능성을 늘 염두해 두어야 한다.

이제 꾸며진 순차적인 멜로디 선율들의 다른 예를 보자.

예제 5.10 꾸며진 순차진행 주선율

긴 선율음 A는 두 번째 라인에서 한 옥타브 올라갔다가 B까지 다시 7도음정을 내려간다. 위와 같은 극적인 선율선은 옥타브의 변화를 통해 만들어 진다.

예제 5.11 꾸며진 순차진행 선율들

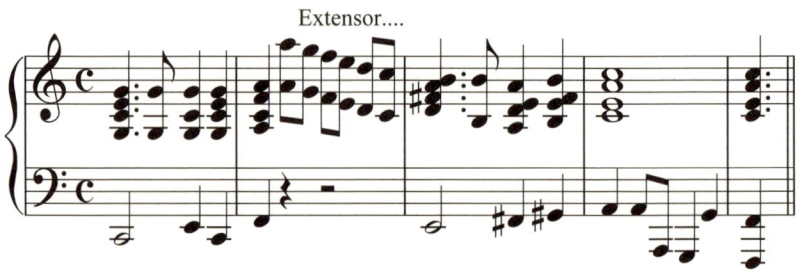

위의 대담한 음의 도약과 직선의 옥타브는 승리와 결단의 느낌을 만들어 낸다. 일반적으로 전진하는 느낌의 라인이나 각진 느낌은 종종 군인같은, 위풍당당한 분위기를 만들어 낸다. 반대로 곡선의 느낌은 친절함이나 갈망, 절망 같은 다양한 표현을 하는데 좋은 효과를 낸다.

예제 5.12 적용(Improvise)! "고개들어"

두번째, 네번째 마디에 순차, 도약하는 후속꾸밈음(Gapped Extensors)을 적용하라.

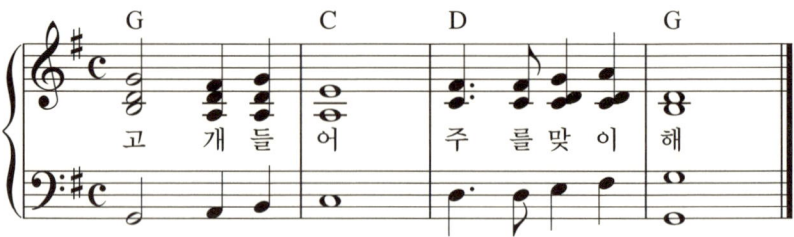

페달 사용은 또 하나의 즉흥연주시에 유용한 도구이다. 페달사용시점은 보통 순환하는 선율인데 이것은 주어진 조성의 으뜸음(tonic)이나 딸림음(dominant)이 기본이 된다. 페달사용은 대게 베이스 음에 나타나지만 가끔은 소프라노 파트에서 나타나기도 한다.

예제 5.13 순차진행하는 주선율과 함께하는 소프라노 지속음 "만유의 주 앞에"(찬송가 22장)

적용(Improvise)! 페달을 이용하여 위의 예제에서 한 옥타브 아래에서 연주해 보라.

지속음의 사용은 그 음악 안에 가장 높은 음 또는 낮은 음 뿐만 아니라 중간 음으로도 가능하다. 아울러 여러 성부를 강조하는데 사용될 수도 있다. 이러한 지속음은 노래하는 사람보다 악기를 연주하는 사람들이 더 자주 사용한다.

예제 5.14 순차진행하는 주선율과 베이스 지속음 "기쁘다 구주 오셨네" (찬송가 115장)

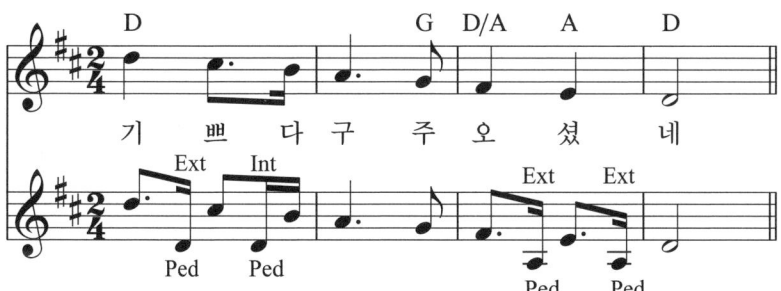

Chapter 5

예제 5.15 지속음을 적용하라! "기쁘다 구주 오셨네"

연결구(Chains)

꾸며진 연결구는 순차적 선율진행, 그리고 동기(motive)형태와 함께 종종 최고의 연주를 만들어 낸다. 하나의 주선율이 한 가지 순차적인 음들과 함께 있을 때, 장식된 연결구를 만들 수 있는 가능성을 가지게 된다. 선율의 하나의 운율과 함께 하나의 멜로디를 볼 때에는 꾸밈음연결구가 가능하다.

예제 5.16 다양한 연결구의 종류들

아주 많은 형태들이 가능하다. 선행하는 음들의 연결구를 본 적 있는가? 전통적인 꾸밈음인 선행하는 음은 아직까지는 후속꾸밈음(extensor)의 하위범주에 속한다. 선율적인 선행음은 종종 문구의 끝이나 리듬에서 온다. 여기 전형적인 예가 있다.

예제 5.17 선행하는 음 "참 반가운 성도여" (찬송가 122장)

Chapter 5

같은 악절이 선행음의 연결구로 들어가는 예를 다음과 같이 볼 수 있다.

예제 5.18 선행음의 연결구 "참 반가운 성도여"

때로는 더 다양하고 나은 결과를 연결구와 장식된 공간을 끊는 것으로도 얻을 수 있다. 음표 (아래), 원래 선율은 3도음으로 구성되어 있다. 이것은 순차적이지 않다. 연결구는 반드시 순차적인 선율에서 파생될 필요는 없다.

예제 5.19 변주된 연결구(Varied Chain)

Ascending thirds become a varied chain of flexors, extensors, & circumflexors

다음 연결구에서 몇 개의 음표들을 생략하고 연주해 보라!

예제 5.20 변주된 연결구(Varied Chain) "저 들 밖에 한 밤중에" (찬송가 123장)

동형진행은 꾸며진 연결구의 사용에 좋은 방법이다.

예제 5.21 적용(Improvise)! 동형진행연결구 "천사들의 노래가" (찬송가 125장)

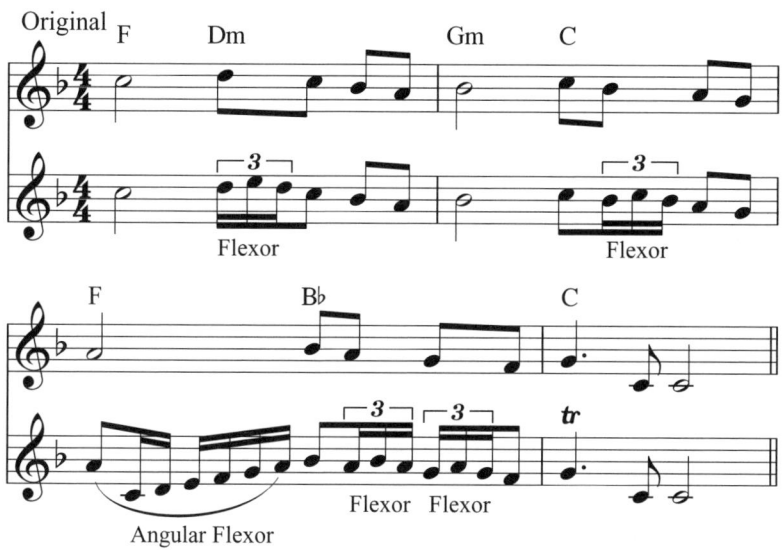

예제 5.22 두 마디 선율의 동형진행안에 있는 연결구 "내게 있는 모든 것을" (찬송가 50장)

Chapter 5

적용(Improvise)! 이제 아이디어들을 함께 모아 다음 곡에 적용해보자.

예제 5.23 "오 나의 자비로운 주여"

우리가 지금까지 고민했던 방법들을 하나로 통합하라.

건너뛰거나 뛰어넘는 공간 꾸밈
(Ornamenting Spaces that Skip or Lea)

하나의 도약된 음이 포함된 두개의 선율 음들을 연주하여 보고 음악적 공간을 다른 음들로 채워보라. 그리고 다양한 방법 안에서 두 음들 사이에 있는 공간을 만들어보라.

예제 5.24 "주 하나님 지으신 모든 세계" (찬송가 79장)

연주가 가능하도록 꾸며졌는가? 한번 적용해 보자.

예제 5.25

위의 마지막 두 마디안에 있는 꾸밈음을 좀 더 자세히 보라. C음과 이탈음들의 가운데에 선율음 E는 묻혔다.

여기에 보다 복잡한 꾸밈음이 있다. 선율음 E는 접근음 G#-F#을 생략하는 방법을 참조하자. 더 중요한 것은, 전체 그림(두 개의 선율음 더하기 꾸밈음들)이 닫힌 곡선을 형성한다. 이것은 마치 커다란 꾸밈음(flexor) 처럼 보인다, 적절한 가사의 음절을 사용해 "flexor" 같은 단어는 하나의 선율음의 장식에만 적용된다. 재 주선율이 섞인 좀 더 다양한 꾸밈음들을 만들어 보자.

예제 5.26

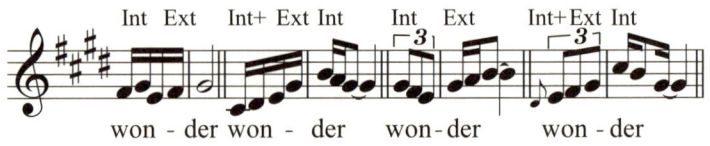

첫번째 선율음 E는 처음 세 가지 꾸밈음들을 사용한 예제에 묻혀버린다.

어떻게 이러한 꾸밈음들의 생략이나 결합하는 것이 우리에게 보다 유용할 수 있을까? 눈과 귀로 확신할 수 있는 중요한 선율음(긴 음, 높은 음, 소절의 첫 번째 음 등)을 고정시킴으로써 목표음을 꾸밈음들로 둘러쌀 수 있다. 이것은 상행진행이나 혹은 그 반대 진행을 통해 아래 또는 선율로부터 멀어지면서 적용이 가능하다.

B를 주요음으로 하여 적용해 보자.

예제 5.27

이를 위해 적용할 수 있는 몇 가지 방법들이 있다. 독립적인 음표들로 인해 수렁에 빠지지 말자. 당신의 음악적인 곡선의 전체적인 모양에 대한 생각(위치와 방향)을 우선으로 하고나서 개별음은 그 다음으로 고려하여 응용해야 한다. 이러한 경험을 통해 보다 원활한 흐름을 가지는 음악을 만들어가게 될 것이다.

큰 모양과 서로 조합하기
(Larger Shapes, Combination)

꾸밈음들과 개별적인 음들의 한계적 범위를 생각하는 대신에 우리는 꾸밈음 등과 결합된 음들로 부터의 큰 형태를 생각해야 한다.

예제 5.28 "내 주 되신 주를 참 사랑하고" (찬송가 315장)

위에서 두 마디를 확대하여 자세히 살펴보자.

예제 5.29

첫 번째와 두 번째 마디는 내려갔다가 다시 올라가는 곡선(curve)의 모양을 가지고 있고 세 번째 마디는 내려갔다가 올라 오는게 훨씬 더 각진(angular) 직선모양이다.

위에서 선율모양의 미학적인 부분에 좀 더 심사숙고해야 하고 독립적인 꾸밈음만을 평가하는 것뿐만 아니라 좀 더 넓게 복합적인 모양들에 대해 주목해야 한다. 첫 번째 마디는 두 개의 커브가 위 아래로 균형을 이루고 있다. 그리고 조화롭게 반복과 대조의 음악적 요소들을 잘 담고 있다. 또한 두 번째와 세 번째 마디도 같은 요소를 품고 있지만 좀 더 멜로디를 확장했다는 것이 다르다. 악보에 내려가고 올라가는 부분들에서 16분음표를 사용하여 변화를 주었다.

마지막으로 전체 구조가 1도 상행하는 순차적인 꾸밈음들에 의해 끝마치도록 제한되었다. 그리고 이러한 순차상행음들은 비슷하지만 꼭 일치하는 것은 아님을 알 수 있다. 이제 좀 더 광범위한 다른 선율들을 살펴 보도록 하자.

예제 5.30

위의 라인을 곡선(curve)과 지그재그(zigzag)를 사용해 꾸며보자.

예제 5.31 꾸밈음이 들어간 형태

여기서 주목할 것은 꾸밈음들을 음악 전체의 일부로서 고려해야 한다는 점이다. 우선 이 음들은 전체적인 음악을 구성하는 데에 있어 가치있는 꾸밈음들을 위해 선택한 음들이다. 전략적인 가치들이란: 1) 긴 음들, 2) 높은 음, 3) 마지막 음을 말한다.

예제 5.30 의 첫 마디의 2분음표는 예제 5.31의 첫째 마디에서 짧은 장식음들로 꾸며졌다. 그러나 두 번째 마디의 2분음표는 중복 장식음과 대조 속의 반복(다양성 속에 균형)을 잘 갖추고 있다. 가장 높은 두 음(G)은 8분음표를 통해 접근하였고, 마지막 음은 셋잇단음표를 통해 중요한 리듬적 대조를 보여준다. 따라서 우리는 음형(shapes)과 리듬 안에서 음악적 균형과 다양함, 그리고 발전을 찾을 수 있다.

음악적 빈 공간을 채우는 다양한 방법들 (Various Fillls)

위와 같이 음악적으로 빈 공간이 순차적 도는 도약적 선(lines)에 의해 채워질 수 있다.

예제 5.33 도약후속꾸밈음(Gapped Extensor) "고요한 밤 거룩한 밤"

위의 두 예제는 주선율 사이에 공간을 채운 것이다. 하지만 다음의 예는 이 공간을 더 확장해서 새로운 선율을 만들어 채울 수 있는 것을 보여준다.

예제 5.34 확장된 공간을 사용해서 선율 채우기 "고요한 밤 거룩한 밤"

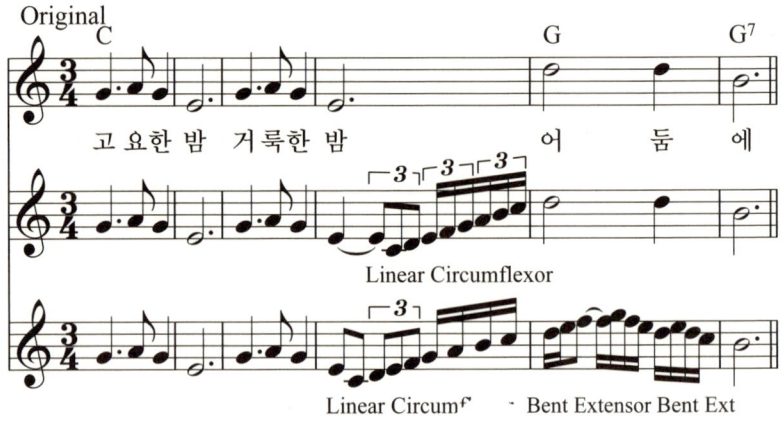

두 번째 라인은 9도 음정까지 확장 사용하였고 세 번째 라인에서는 굽은후속꾸밈음을 이용해 11도 음정까지 확장 사용하였다. 여기서 이 음악적 선율선이 두 개의 멜로디 음(E부터 D)들의 공간에 새롭게 바뀌어 채워지는 것에 대해 어떻게 이렇게 될 수 있는지 생각해 보아야 한다. 그리고 단순한 꾸밈이 적절한가 아니면 보다 복잡한 장식음들이 좋을지를 생각해 보자.

공간을 채우는 연결구 만들기 : 도약과 순차적 꾸밈음들을 이용해 어떻게 연결구로 구성할 수 있는지 살펴보자.

아래의 "주님의 시간"에는 두 개의 반복과 함께 멜로디 동형진행이 나타나고 있고 각각은 하행하는 형태이다(line 1). 또한, 비록 악절들은 없지만 후속꾸밈음/경과음(extensor/passing tones)을 사용함으로써 한음에서 한음으로 순차적으로 진행하는 선율선을 만들수 있다(line 2). 나아가 이렇게 순차적으로 채워진 음들로 부터 연결구를 만들수 있다(line 3).

예제 5.36 연결구의 실습! "주님의 시간에"

앞에서 연결구(Chains)와 함께 만들어진 세 개의 순차적 라인들을 보았다. 일단 선행과 후속하는 방법을 적용해보자. 이 선율선들은 음들이 내려가는 느낌을 준다.

다음은 도약 연결구를 구성하는 음들이 어떻게 같은 화성으로 채워지는 지를 아래의 두 예제를 통해 알아보자.

예제 5.37 C 장3화음을 이용한 도약 연결구

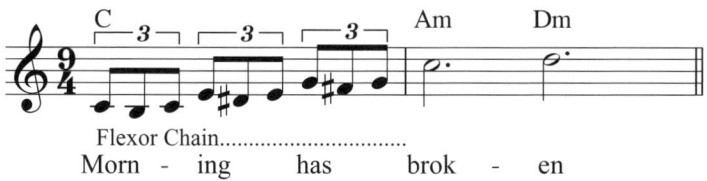

예제 5.38 Fadd2 장3화음을 이용한 도약 연결구 "주님의 시간에"

Chapter 5

통합의 실례(다양한 방법들이 적용되는 예)

앞에서 연결구(Chains)모형을 제시하였다. 다음 주어진 찬송가 "만유의 주 앞에"를 통해 다양한 장식들의 통합이 어떻게 이루어지는가 공부할 것이다. 꾸밈음(flexors), 반복(reiterations), 후속꾸밈음(extensors), 돌림꾸밈음(circumflexors)이 다양하게 사용되는 것을 공부할 것이다. 그리고 이 내용은 특별히 트럼펫, 바이올린, 플룻에 효과적으로 사용될 수 있다.

예제 5.39 "만유의 주 앞에"(찬송가 22장)

Improvise!(적용하라)

예제 5.40 적용(Improvise)! "성자들이 행진할 때"

예제 5.41 적용(Improvise)!

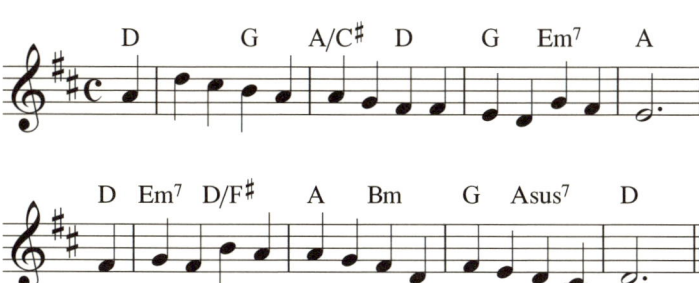

이 예제는 수정된 연결구(Modified chains)와 지속음(Pedals)이 함께 조화를 이루는 아주 좋은 예제이다.

Part Three

선율을 새롭게 만드는 법
(Melodic Re-Design)

6. 주선율의 대체, 제외, 전위   99
   (Replacing, Subtracting, Inverting Melody Notes)

7. 통합하여 적용하기(Integrative Improvisation Projects)   121

예배자를 위한 작곡 편곡

Chapter 6

Chapter 6

주선율의 대체, 제외, 전위
(Replacing, Subtracting, Inverting Melody Notes)

즉흥 연주의 진행은 기존 음의 대체, 제외와 그리고 전위에 의해서 더 확장될 수 있다. 이 말은 기본적인 음이 변할 수 있다는 것이고, 그리고 장식음들로 새롭게 꾸며질 수 있다는 것이다. 이번 장을 통해서 직감적으로 선택하게 되는 교체음은 아마도 화음에 속한 음이거나 어울리는 음이 될 것이다.

선율음의 대체(Replacing Melody Notes)

선율음을 대체하기 위해서는 어떤 음이 가장 적합한 것인가? 반복되는 음들은 언제나 이웃음(Neighboring tone) 혹은 화음에 속한 음(a Chord tone)들로 대체된다. 하지만 모든 영역 안에서 이러한 것들은 검증되어야 한다. 이것은 이전 장이었던 꾸밈에 대한 것보다는 덜 공식적(formulatic) —더 자유롭고, 주관적이다. 예를 들어, 가장 높거나 가장 낮은 혹은 가장 긴 음을 대체한다면 작업하는데 반만 적용될 것이다. 만약 당신이 대체음으로 화음에 속한 음을 선택한다면, 좋은 결과를 가져오기 위해서 다른 음 마저도 바꿔야 할 것이다.

여기서는 원음의 윤곽을 크게 바꾸지 않으면서 오직 한 줄에 하나의 음 만을 대체하는 것으로 시작할 것이다. 아래 예제에 대체 된 반복음(두번째 줄)과 가장 높은 음(세번째 줄)을 보자.

R = 대체음

Chapter 6

예제 6.1 한 줄에 하나씩 대체 된 음

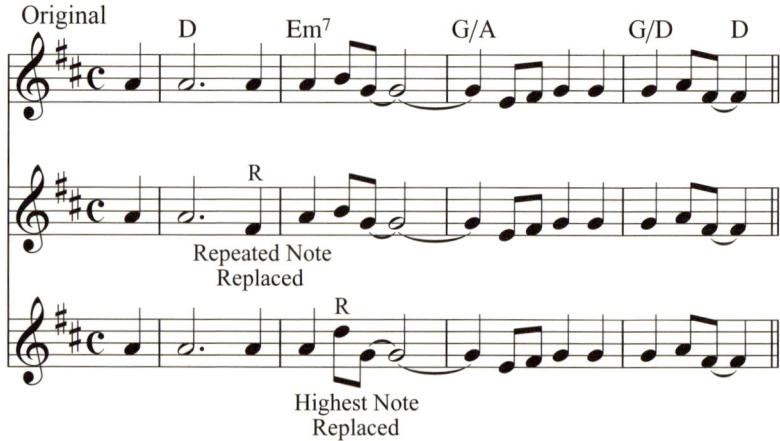

위의 예제에 교체된 음들은 둘 다 화음 안의 음이다. 아래에서는 몇몇 음들은 두번째 줄에서 대체되었다. 세번째 줄에서는 두 번의 대체가 이루어졌고, 이 음들은 꾸며졌다.

예제 6.2 한 줄에 여러 개의 대체 된 음들 "오 나의 자비로운 주여"

윗 이웃음인 C#(두번째 줄, 두번째 마디)으로 반복되는 음의 패턴을 깨뜨린 것을 보라. 반면에 E(두번째 줄, 다섯번째 마디)는 화음에 속한 음으로 대체되었다.

아래 두 개의 즉흥 연습에서 당신의 손으로 직접 이웃음 또는 화음 안의 음으로 대체하여 그려보라. 그리고 대체음을 꾸며보라.

예제 6.3 즉흥 연주 안에서 적어도 한 음을 대체

예제 6.4 즉흥 연주 안에서 적어도 한 음을 대체 "만유의 주재"(찬송가 32장)

선정된 곡에는 두 개의 3도음(E에서 C#, G에서 E)을 포함하고 있다. 이런 형태를 유지하기 위해서 대체음도 3도여야만 한다. 이는 하나(오직 하나)의 가능성이다.

지금까지 대체음을 통해서 어떠한 중요한 음악적인 흐름을 바꾸지는 않았다. 이제부터 우리는 더 급진적인 수준의 대체 방법을 배울 것이다.

대체를 통한 흐름 수정
(Contour Revision Through Replacement)

원곡의 흐름은 대체음을 통해서 변할 수(수정될 수) 있다. 아래에서 대체음들의 종합된 효과주기, 대체음들을 꾸미기, 또한 리듬의 변화가 어떻게 선율에 신선함을 주는지 보라.

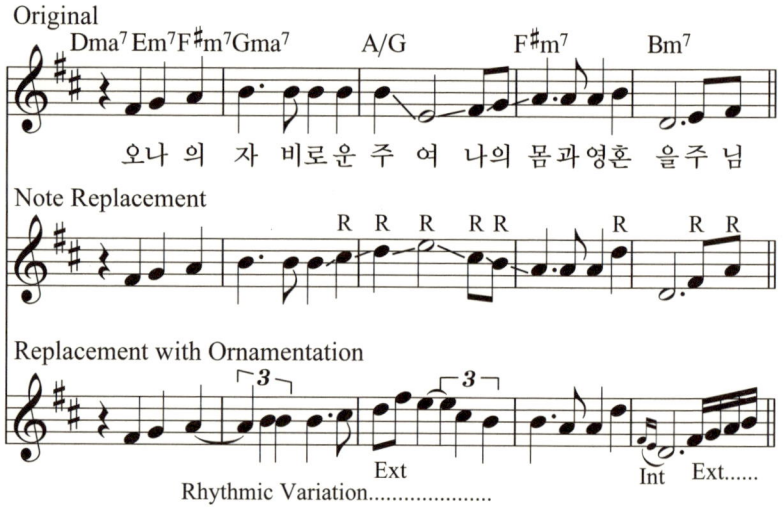

예제 6.5 새로운 흐름 만들기 "오 나의 자비로운 주여"

원곡의 선율이 내려가고 올라가는데 비해서, 대체된 선율은 올라가고 내려옴(두번째 줄, 두번째 세번째 마디)으로써 역선율의 결과를 가져왔다. 세번째 줄에는 리듬 변화가 더해졌다. 무엇을 얻을 수 있나? 이에 대한 유익은 무엇인가? 만약 이 부분에 대해서 많이 들었고, 만약 이것이 일련의 방법이 되었거나 우리에게 흔한 것이 되었다면, 이 새로운 방식은 우리가 가사들과 음악을 새롭게 하는 경험하는데 도움을 줄 것이다. 높은 F#으로 올라가는 세번째 줄은 새로운 느낌과 감정의 긴장과 고조를 불러일으킨다.

아래의 버전은 원곡에서 심지어 더 나아갔다. 대체된 음들은 개수가 많고, 더 두드러지고, 더 각지고, 더 멀리 범위를 넘어서서 방향이 바뀌었다.

예제 6.6 더 확장된 흐름의 수정 "오 나의 자비로운 주여"

위에서 이처럼 표현된 형태의 중요한 구조적 요소는 멜로디 윤곽의 자연적인 상행이다. 직선으로 상행의 좋은 예(D-E-F3)로써 - 높은 D(첫번째 마디)는 높은 E(세번째 마디)로 이끌리고 마침내 꾸밈음의 높은 F#(다섯번째 마디)로 이끌리게 된다.

여덟 번째 마디의 돌림꾸밈음(circumflexors-악절의 마지막 음)이 극적인 멜로디의 정점으로 움직이는 동안에 다음 악절로 음의 손실 없이 이끌려지고(생략), 정교한 채움(Fill)으로 서서히 발전한다.

우리는 여기에 채움이 악절로 연결될 수 있다는 새로운 즉흥연주에 대한 아이디어를 얻게 된다. 이 채움은 모션을 살아있게 할 뿐 아니라, 다음 악절에 대한 연결고리를 제공한다. 그것은 시작과 끝 모두이다. 다음 악절을 준비하는 동안 첫번째 악절의 마지막을 꾸며준다.

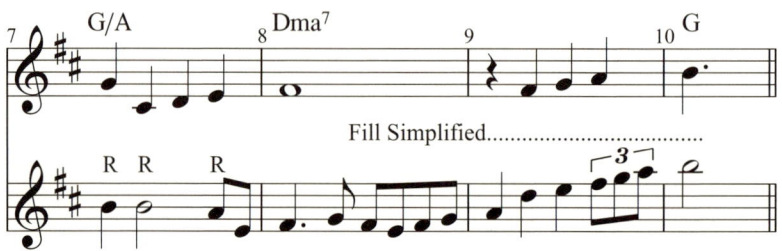

예제 6.7 단순함을 채우는 연결 "오 나의 자비로운 주여"

아래에서 지금까지의 훈련들을 모아 대부분의 악절들로 확장하는 연습을 할 것이다. 이 예는 위의 예와 많은 부분에서 비슷하지만 새로운 시도가 있다. 훨씬 더 자연스러운 동형 진행을 통한 하강하는 흐름을 살펴보라(8-12마디). 또한 어떻게 각진 도약(4-8마디)이 효과적으로 그 음들을 둘러싼 대부분의 순차적 움직임과 함께 대조되는지 고려해라.

예제 6.8 동형 진행-하강하는 흐름 "오 나의 자비로운 주여"

전통적인 찬송가에 이러한 아이디어들을 적용해보자.

예제 6.9 "주 하나님 지으신 모든 세계" (찬송가 79장)

똑같은 기법들이 다양한 방법들로 사용될 수 있다. "나 같은 죄인 살리신"에 위에서 언급된 방법들을 적용해보자. 아래에는 두 개의 선율 악보와 피아노 반주가 있다.

예제 6.10 "나 같은 죄인 살리신" (찬송가 305장)

Chapter 6

적용(Improvise)!

예제 6.11 대체 즉흥 연습 "주님 곁으로"

음의 전위 : 역행하는 흐름
(Inverting Notes: Contour Opposition)

역행하는 흐름은 음의 대체로부터 나온 또 다른 즉흥 연주의 아이디어이다. 다음의 예는 보다 효과적이다. 음들의 자리바꿈 즉 전위(inversion)를 통해 진행들이 만들어졌지만 연주하기 쉽다. 사실은 음들의 방향을 서로 바꾸어 본 것이다.

예제 6.12 음의 전위(Inversion)

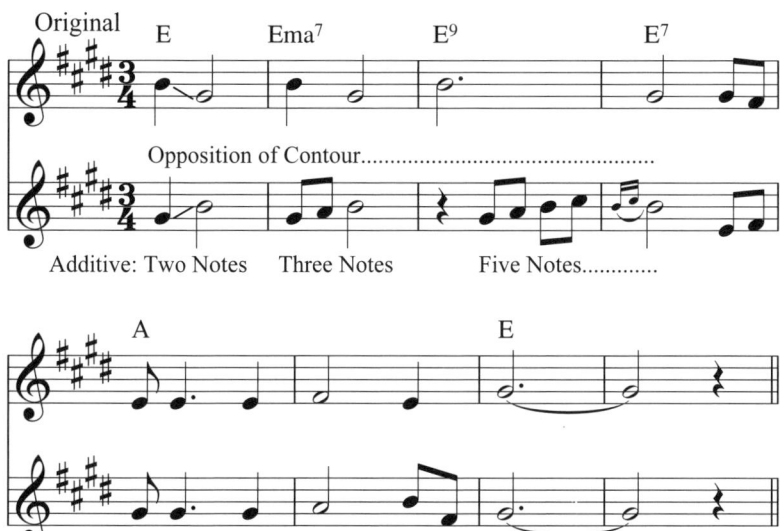

또한 진행 음들의 추가를 통해서 전위의 이 간단한 방법들이 더 발전될 수 있다는 것을 숙지하라. 이 악절은 세 개의 음과 다섯 개의 음으로 각각 확장되어 구성되었다. 이것은 음악적인 풍성함을 포함하면서 발전하게 된다. 발전(development)의 원칙은 효과적인 즉흥 연주의 방식 안에서 매우 중요하다. 여기 또 다른 예가 있다.

예제 6.13 음의 전위 "항상 진실케"

Chapter 6

아래의 "고요한 밤 거룩한 밤"연습은 처음부터 끝까지 곡 자체가 역행적인 흐름을 부여한다. 당신이 어떤 멋진 효과들을 만들 수 있는지 보라. 결과물이 완벽한 전위일 필요는 없다. 느슨한 전위이어도 괜찮다. 음악적 감각들이 이끌도록 훈련하라. 다시 한번 시작할 수 있도록 아래의 몇 마디를 가지고 다시 연습해 보라.

예제 6.14

예제 6.15 역행흐름의 즉흥연습 "고요한 한 밤 거룩한 밤" (찬송가 110장)

선율음의 제외(Subtracting Melody Notes)

다른 방식을 시도해보자. 정교하게 꾸미는 것 대신, 기본적인 흐름을 유지하면서 특정한 음들을 없애는 제거 절차를 사용해보자. 일반적으로 필요한 음들은 놔두고, 반복되는 음들과 (특별히) 빠르게 지나가는 음들을 없앤다.

예제 6.16 음의 제외(Subtraction) "거룩하신 하나님"

Chapter 6

위의 기법은 노래를 부르는 것보다는 악기 연주에 보다 더 효과적으로 사용된다. 여기 또 다른 예가 있다.

예제 6.17 음의 제외 "오 나의 자비하신 주여"

[악보: Original – Dma7 Em7 F#m7 Gma7 G/A F#m7
"오 나의 자비로운 주여 나의 몸과 영혼"
Subtractive Version
Subtractive Version Ornamented
Bm7 Em7 A7 Dma7
"을 주님 은혜로 다 채워 주소서"]

독주할 때를 위해 한 가지 좋은 방법이 있다. 간단하게 선율의 제외(Subtraction) 절차를 따르며(위의 예제와 같이) 시작하고, 섬세한 장식을 서서히 만든다. 그리고 마지막으로 원하는 것을 특별한 변화 없이 반복하는 것이다. 이 아이디어는 이와 같다. 가볍게 시작해서 발전시켜라. 이 개념을 가지고 다음에서 연습해보자.

적용(Improvise)!

예제 6.18 Great is the Lord

첫째 반복 구에서 둘째 줄을 그대로 연주한다. (우리가 필수 음들을 계속 유지하고 있음을 주의하라) 둘째 반복 구에서는 둘째 줄을 꾸며주고, 더욱 풍부하게 만든다.

예제 6.19 "내 맘의 주여 소망 되소서" (찬송가 533장)

이번에는 자유롭게 음들을 없애고, 밑에 표현된 것처럼 임시적인 음들로 대체한다. 결과적으로 다른 모양이 될 수 있다. 이러한 기법들은 또한 건반 연주자들이 주선율을 해치지 않고 작은 진행들을 만들어내는데 도움을 준다.

예제 6.20 "내 맘의 주여 소망 되소서" (찬송가 533장)

싱어팀처럼 찬양을 부르는 사람들은 허밍(humming)이나 우–(oohing)를 시도해보라. 건반 연주자들은 간소화된 반주를 만들어보라.

예제 6.21 가능한 해결책 "내 맘의 주여 소망 되소서" (찬송가 533장)

건반 반주에서 음들을 제외시키는 것이 여전히 주선율의 모양을 허락한다는 것을 아래의 악보를 통해 주의 깊게 살펴보라. 더 나아가서, 간소화 된 반주는 불필요한 연주와 음악적 충돌을 피해 자유로운 선율의 아름다움을 남긴다.

Chapter 6

예제 6.22 좀 더 철학이 담긴 화성적 접근 "내 맘의 주여 소망 되소서" (찬송가 533장)

반주에서 선율음 제외가 갖는 또 다른 이점은 연주자에게 멋진 대안 코드를 생각할 수 있는 시간을 준다는 것이다. 아래의 장7화음은(major 7th) 평범한 장3화음(major)으로 대체되어 지속적으로 사용된다. 제외의 원칙(The principle of subtraction)은 중요한 반주의 원리이다.

결국 대부분(혹은 모든) 독주가 꾸밈의 배합, 음 제거와 음 대체로 만들어진다는 것을 발견할 것이다. 이러한 훈련은 기존의 주어진 선율 가운데 특정한 음들을 제외시키는 기법을 통해 꼭 필요한 주요한 음만을 선별하여 창의적인 짧은 연주로 주선율의 모양을 전부 독립적으로 만들 수 있을 것이란 영감을 얻는 것처럼 느끼게 될 것이다. 이 시간에는 보다 감각적인 스타일과 어울리는 화음을 위한 연주자의 귀가 음악을 이끌어가도록 해보자!

제외의 기법(The technique of subtraction)은 종종 선율들과 잘 어우러진다. 만약 당신이 건반 연주자라면 이 악보에서 "화성적 강조(Chordal Spikes)"의 사용을 시도해보라.

예제 6.23 "기뻐하며 경배하세" (찬송가 64장)

예제 6.24 즉흥적인 음의 제거 "기뻐하며 경배하세" (찬송가 64장)

또한, 위의 첫 번째 줄에 전위(Inverting)를 시도하라.

아래의 예제에서는 음들의 대체, 제외 그리고 전위를 시도하라.

예제 6.25 적용(Improvise)! "완전한 사랑" (찬송가 604장)

예배자를 위한 작곡 편곡

Chapter 7

Chapter 7

통합하여 적용하기
(Integrative Improvisation Projects)

이번 장에서는 지금까지 배워왔던 모든 것을 통합하여 실제로 적용해 볼 것이다. 이 장에서는 재즈를 중심으로 만들어진 복음찬송 "Quite Place"와 찬송가 "기쁘다 구주 오셨네" 두 곡을 통합적으로 장식하기 위한 편곡법을 다루었다. 지금부터는 보다 세련된 반주를 즉석에서 할 수 있다. 적어도 위 두 곡을 자연스럽게 연주할 수 있도록 노력해보자. 이 곡들의 대부분은 독주곡의 성격을 갖고 있다. 최선을 다해보자!

예제 7.1 "Quiet Place"의 주선율과 코드진행

위의 악보에서 51~57마디에 이르면 연주자 자신만의 결론에 도달할 것이다.
아래의 테너 색소폰 즉흥곡을 비판적, 분석적으로 들어보자. 우리는 우리가 공부했던 모든 것과 관련된 대표적인 것들을 악보에 넣을 것이다. 당신이 기악 연주자의 위치에 있는 경우, 이 곡에 어떤 즉흥 연주를 할 수 있는지 생각해 보자.

예제 7.2 선율을 색소폰으로 연주한 예(Quiet place)

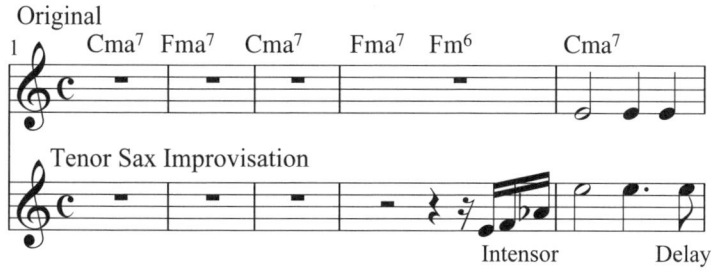

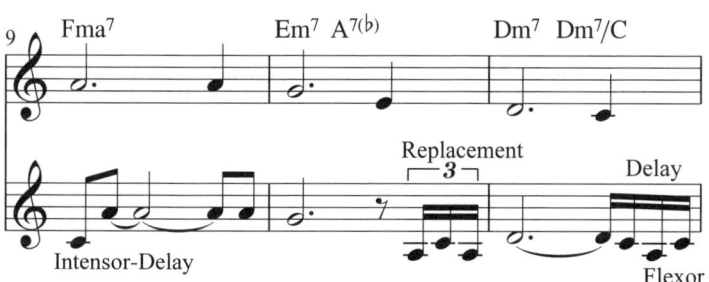

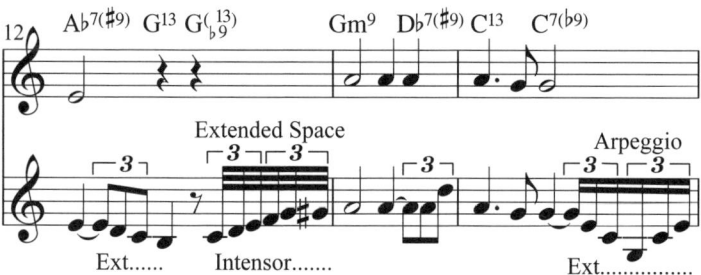

Chapter 7

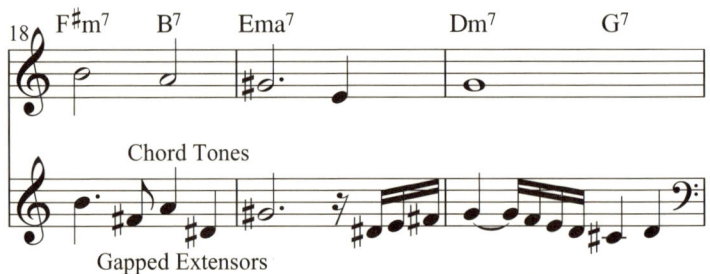
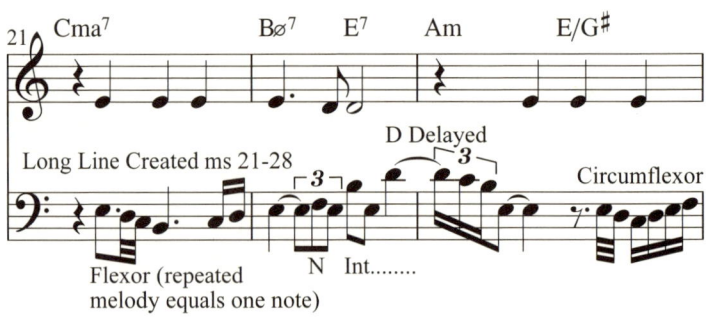

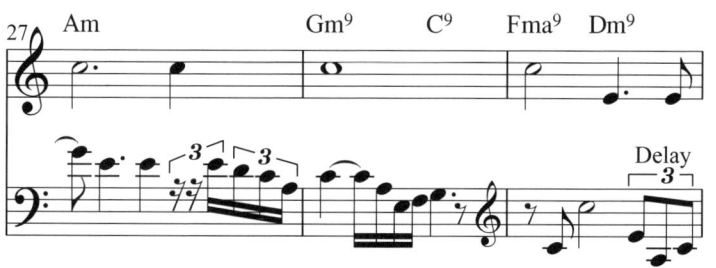

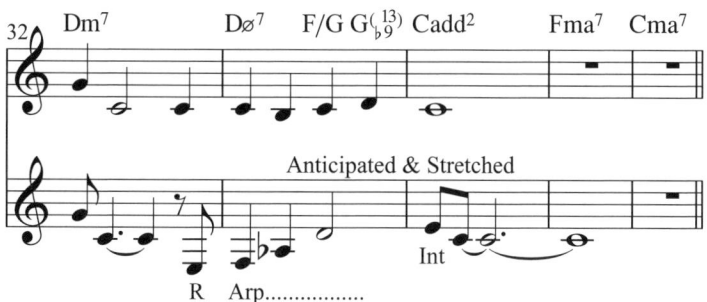

기억해야 할 것들(observations)
1) 우선적으로 선율이 자리 잡은 후 점차 복잡한 장식이 도입된다.
2) 옥타브의 변화는 좋은 이점으로 작용한다.
3) 즉흥적으로 호흡하는 부분이 허용된다.
4) 주선율 음은 기본적으로 유지된다. (회중은 곡조를 따라 부를 수 있다)
5) 음악적으로 명확한 높이나 절정이 발생한다.
6) 길고 둥근 라인이 개발된다.
7) 리듬이 유연해지고 자유해진다.

Chapter 7

예제 7.3 "기쁘다 구주 오셨네" (찬송가 115장)

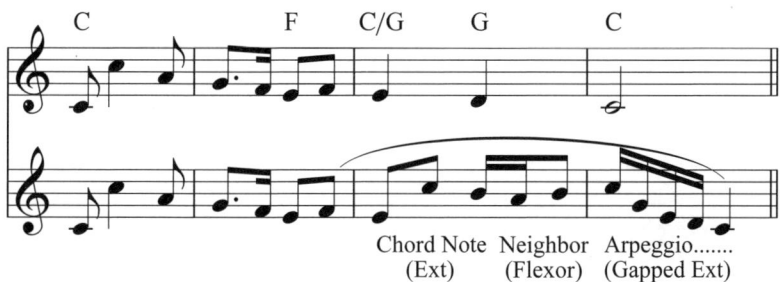

"기쁘다 구주 오셨네"의 장식된 악보는 더욱 고전적(바로크형식)이며, 이전 곡과 강한 대조를 보여준다.

Part Four

개성있는 즉흥 연주법
(Improvising Stylistically)

8. 다양한 음계를 이용하여 꾸미기   131
   (Embellishing with the Universal Scale)

9. 가스펠과 블루스의 기초(Basics of Blues & Gospel)   149

예배자를 위한 작곡 편곡

Chapter 8

Chapter 8

다양한 음계를 이용하여 꾸미기
(Embellishing with the Universal Scale)

5음 음계(Pentatonic Scale)는 세계의 모든 다양한 음악(락, 컨트리, 블루스, 가스펠, 재즈 등) 안에서 사용되는 음계이다. 현재의 싱어나 연주자들의 즉흥연주하는 방법에 필수적으로 적용되어지는 음계이기도 하다. 일반적으로 5음 음계(Pentatonic Scale)를 사용한 꾸밈음들은 노래와 연주의 두 가지 방법으로 적용되어 진다. 두 가지 방법이란 '넘어서(over)'와 '통해서(through)'을 통한 화성의 변화를 주는 방법이다. 다음 장에서는 어떻게 5음 음계가 블루스와 가스펠에서 사용되는지 살펴볼 것이다.

장조5음 음계(Major Pentatonic Scale)

5음 음계(Pentatonic Scale)에는 장조(Major)와 단조(Minor)가 있는데 먼저 장조를 보도록 하자.

예제 8.1 다장조 5음 음계(Major Pentatonic Scale)

여기에는 음계의 4음과 7음이 없다. 반음 관계가 없는 음계에서 만들어진 화음들의 조합을 통해 전체적인 음악의 색다른 흐름을 접하게 될 것이다. 라장조로 시작하는 아래의 예제도 4음과 7음이 생략된 형태로 되어 있다.

예제 8.2 라장조 5음 음계(D Major Pentatonic Scale)

아래에 적용(Improvise)!

예제 8.3 E,G,A음에서의 5음 음계(Major Pentatonic Scale)

아래에서 다장조 3화음과 다장조 5음 음계를 비교해 보자.

예제 8.4 다장조 3화음과 다장조 5음 음계 비교

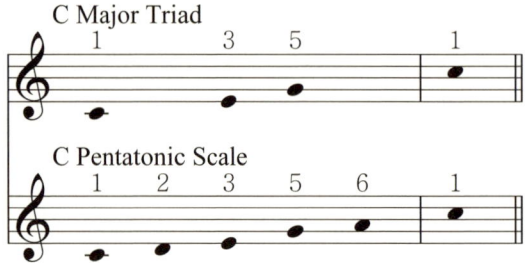

다장조 3화음(C major Triad)에는 2도와 6도음이 없다. 다장조 3화음에 2도를 추가하면 Cadd2 코드가 되고 6도음을 추가 하면 C6화음이 된다.

다장조 5음 음계는 2도와 6도음을 기존의 다장조 음계에 추가함으로 좀 더 음의 여운과 색깔을 낼 수 있도록 도와준다. 이것은 종종 기존의 C장3화음만으로 만든 아르페지오 보다 훨씬 더 풍부한 음색을 제공한다. 결국은 이러한 음의 울림과 음색은 음계의 성향을 결정하는 데 중요한 요소가 되기 때문이다.

싱어팀 또한 마찬가지로 이러한 변화 가운데 노래 부르는 것을 좋아한다. 왜냐하면 보다 쉽게 곡의 느낌을 살려 부를 수 있기 때문이다. 아래의 예제를 보자.

예제 8.5 5음 음계를 사용하여 "거룩 거룩 거룩" (찬송가 629장)을 채우기

아래의 예제를 보면 우리가 아는 예배 찬양 곡에도 5음 음계를 적용하여 연주 할 수 있다는 것을 알 수 있다.

예제 8.6 내 맘에 눈을 여소서

위에서 C 장조 5음 음계에서 6도(A)와 2도(D)음을 발견하지만 4도(F)음은 없다.
5음 음계의 적용은 노래 부르기에도 쉬운 여건을 제공해 준다. 그 기능은 아래와 같이 다양하게 표현되어진다.

Chapter 8

예제 8.7 함께 떡을 떼자(복음성가 229장)

적용(Improvise)! "나 같은 죄인 살리신"(찬송가 305장)에 약간의 5음 음계 느낌을 채워보라. 아래의 5음 음계 연습을 통해 '스윙(swing)'느낌의 9/8박자를 만드는데 도움을 받을 수 있다.

예제 8.8 사장조 5음 음계의 부분들(G major Pentatonic Fragments)

예제 8.9 적용(Improvise)! "나 같은 죄인 살리신" (찬송가 305장)

예제 8.10 휘트니 휴스톤(Whitney Houston)과 머라이어 캐리(Mariah Carey) 스타일의 꾸밈음 스타일의 예

예제 8.11 적용(Improvise)! "거기 너 있었는가" (찬송가 147장)

Chapter 8

"내 맘의 주여 소망되소서" (찬송가 484장)의 비교(Comparison)

5음 음계 꾸밈음과 아르페지오의 음들의 소리를 비교해 보자.

예제 8.12 아르페지오 꾸밈음 "내 맘의 주여 소망 되소서" (찬송가 484장)

예제 8.13 5음 음계(Major Pentatonic Scale) 꾸밈음 "내 맘의 주여 소망 되소서" (찬송가 484장)

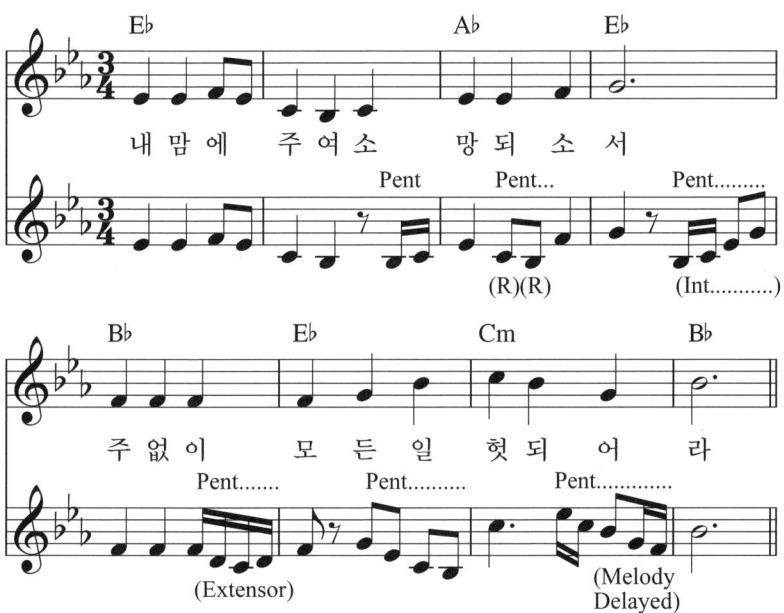

무엇이 다른지 느꼈는가? 5음 음계의 꾸밈음은 전통적인 아르페지오로 채워진 것보다 음악적으로 대체음들로 사용된 것을 주의 깊게 보라. 매끄러운 느낌으로 만들어 주는 성향을 가지고 있다.

Chapter 8

예제 8.14 적용(Improvise)! "내 맘의 주여 소망 되소서" (찬송가 484장)

꾸며지는 멜로디는 내림 나장조 5음 음계 안에서 사용해야 함을 유념해야 한다.

단조 5음 음계(Minor Pentatonic Scale)

다장조 5음 음계(C Major Pentatonic)와 가단조 5음 음계(A Minor Pentatonic)를 비교해 보자. 화성학에서 C Major와 A Minor를 같은 수의 조표를 사용하며 다른 으뜸음을 가졌다 하여 '관계조(relative keys)' 부른다.

예제 8.15 다장조(C Major)와 가단조(A Minor) 5음 음계

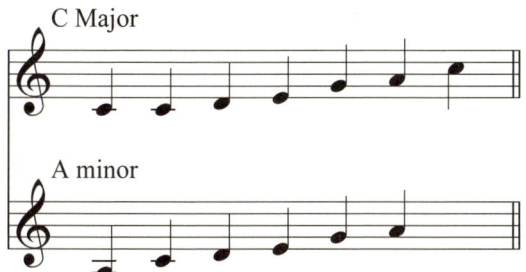

아래의 예제는 5음 음계를 위한 C major와 C minor를 비교해 본 것이다. 다른 조표(key signatures)를 가졌지만 같은 으뜸음(tonic note)을 가졌기 때문에 이 두 음계를 병행음계(parallel keys)라고 부른다.

예제 8.16 다장조(C Major) 또는 다단조(C Minor) 5음 음계

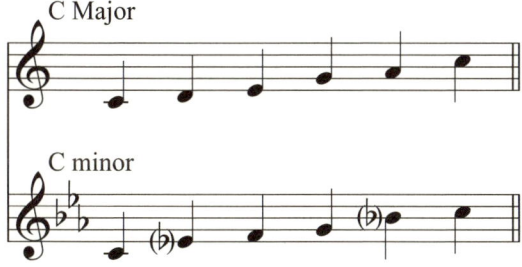

아래의 예제는 단조 5음 음계가 D로 조옮김이 된 것이다.

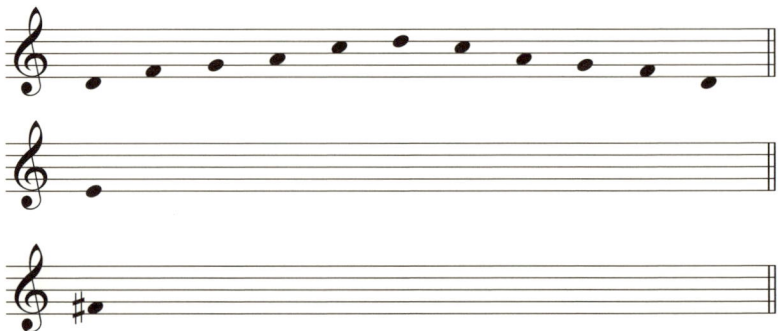

예제 8.17 라단조(D Minor) 5음 음계

예제 8.18 적용(Improvise)! "때때로 고아라 느낄 때" 마단조 5음 음계 (E Minor Pentatonic Scale)를 사용하라.

5음 음계적으로 꾸미기 위한 두 가지 방법
(Two Way to Onarment Pentatonically)

1. 화음 변화들을 밖에 적용(Play over the harmonic changes)
적용(Improvise)! "나 같은 죄인 살리신" 찬송에 5음 음계를 적용해보라! 사장조 5음 음계(G Major pentatonic)를 사용하라. 자유롭게 다양한 리듬들을 사용하라: 당김음 (syncopation), 늘림음(expend), 줄임음(contract), 선행음(anticipate) 또는 후속구(delay phrases)

2. 화음 변화들을 안에 적용(Play through the harmonic changes)
예를 들어 라단조 화성(D Minor)에 라단조 5음 음계(D Minor Pentatonic Scale)를 사용하고 내림 가장조 화음 (Ab Major)일 때는 내림 가장조 5음 음계 (Ab Major Pentatonic Scale)를 사용하면 된다.

아래의 예와 같이 5음 음계 꾸밈음은 이러한 화성 진행 위에 만들어 진다.

예제 8.19 적용(Improvise)! "나 같은 죄인 살리신"

왜 화음들의 변화에도 즉흥연주와 작, 편곡이 가능할까?
(Why Improvising over Harmonic Changes Works)

화음 변화들 밖에서 노래하거나 연주하는 것이 가능한데는 여러 가지 이유가 있다. 5음 음계는 특별히 조성에 구애받지 않고 다양한 화음들과 어우러질 수 있기 때문이다. 다음의 예는 사단조 5음 음계(G major pentatonic scale) 안에서 사장조 화음(G Major chords)이 가능한 경우다.

예제 8.20

주목할 것은 사장조 5음 음계(G Major pentatonic scale)와 I, vi, IV 또는 ii 화음들이 충돌하지 않는다는 것이다. 딸림7화음(dominant seventh chords)과 버금딸림화음(IV) 또한 잘 어우러지고 있음을 볼 수 있다. 이것 뿐만 아니라 더 많은 경우가 있다.

Chapter 8

딸림계류화음(Vsus)을 위한 음의 확대(Extensions)와 준비(performance)

5음 음계의 특별한 음색은 별도의 음악적 울림을 만드는데 매우 중요한 역할을 한다.

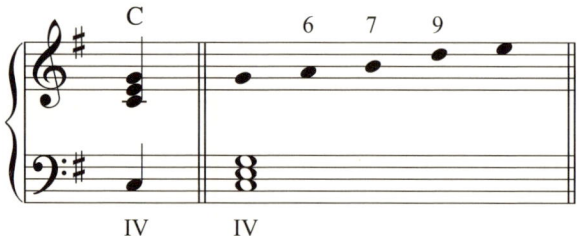

예제 8.21 5음 음계로 부터의 화성적 확대

아래의 예 "나 같은 죄인 살리신" 찬송에서 딸림화음(V) 대신에 딸림계류화음(Vsus)을 사용하였다.

예제 8.22 라장조 화음(D Major chord)과 라장조 계류화음(Dsus)

위의 네번째 마디의 5음 음계와 라장조 계류화음(D sus)을 통해 훨씬 더 풍부한 음악적 울림을 가질 수 있다는 것을 알 수 있다.

다음은 사장조 5음 음계를 활용한 화성진행의 변화들에 대한 예이다.

예제 8.23 다양한 화음 변화위에 사장조 5음 음계 활용

예제 8.24 사장조 5음 음계 적용(Improvise)! "내 맘의 주여 소망 되소서" (찬송가 484장)

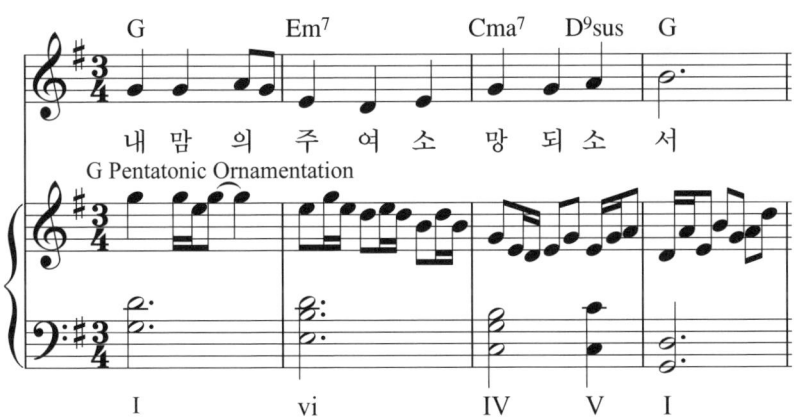

Chapter 8

화음 변화들을 통한 5음 음계의 활용
(Improvising Through the Harmonic Change)

다장조(C key)에서 I-vi-ii-V-I 의 화성 진행 안에서 5음 음계를 적용한 예이다.

예제 8.25

다음 찬송 "예수 사랑하심은"과 "내 이름 아시죠"를 5음 음계를 가지고 화음 안에서와 밖에서 적용해 보자.

예제 8.26 적용(Improvise)! "예수 사랑하심은" (찬송가 563장)

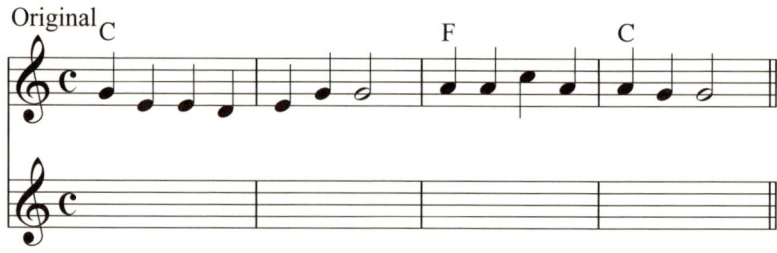

예제 8.27 적용(Improvise)! "내 이름 아시죠"

예배자를 위한 작곡 편곡

Chapter 9

Chapter 9

가스펠과 블루스의 기초
(Basics of Blues & Gospel)

9장을 다 읽었을 즘에는 아마도 "블루"노트를 만드는 법을 명확하게 알게 될 것이다. 우리는 블루스에 자주 들어가는 대표적인 화음들을 볼 것이고, 5음 음계와 블루스 음계 사이의 관계를 알아볼 것이다. 그리고 건반에서 느리고 빠른 템포의 가스펠을 배울 것이다.

굴절 장식음(Inflective Ornaments)

굴절장식음은 보통 블루스와 가스펠 음악뿐만 아니라 컨트리와 팝음악에서도 찾아볼 수 있다. 가수들과 연주자들은 자주 멜로디를 scoop, smears, bends와 spills을 통해 곡을 더 꾸민다. 키보드에서 음을 구부리는 것과 비슷하게 자주 연주한다. 미묘한 변화를 통해 미묘하게 감정이 고조되고, 개성이 더 돋보이며 감동적이게 할 수 있다. 음과 음 사이의 거리들은 그 사람의 템포와 개인적 스타일에 따라서 달라진다. 음높이의 굴절은 정해진 것이 아니며, 활 연주법의 요소를 동반한다. 이제 굴절장식음들을 알아보자.

Scoops. 스쿱(재즈에서 'doit' 또는 'lift' 라고도 한다.)은 짧고, 올라가는 글리산도 또는 원음과 연결되는 꺾은(bent note) 음이다.

예제 9.1 "주님여, 이 손을 꼭 잡고" (복음성가)

예제를 보면 G와 C코드의 3음에서 스쿱을 사용한 것을 볼 수 있다. 3음이 스쿱 될 때가 가장 좋다. 예를 보고 다른 스쿱을 사용해 보라.

Spills. 스필은 짧거나 긴, 내려오는 활주법이다.

예제 9.2 Spill: "주님여, 이 손을 꼭 잡고"

D코드를 가지고 당신만의 스필을 해보라.

음의 굴곡(note bends) 음을 아래나 위로 구부렸다가 다시 원음으로 돌아오는 것.

예제 9.3 음의 굴절: "주님여, 이 손을 꼭 잡고"

위에 주어진 예를 가지고 당신만의 밴드노트를 해보자. 아래에 주어진 예를 가지고 음악의 굴곡(inflections) 그리고 리드미컬한 선행(anticipations), 후속(delay), 수축(contractions)과 확장(expansions)을 사용하여 적용해보라!

예제 9.4 적용(Improvise)! "주님여, 이 손을 꼭 잡고"

음의 굴곡 변화를 준 5음 음계
(Inflected Pentatonic Scale)

지난 장에서는 5음 음계를 사용했다. 변화한 음들은 5음 음계의 3음과 6음, 5음과 7음에 사용될 수 있다.

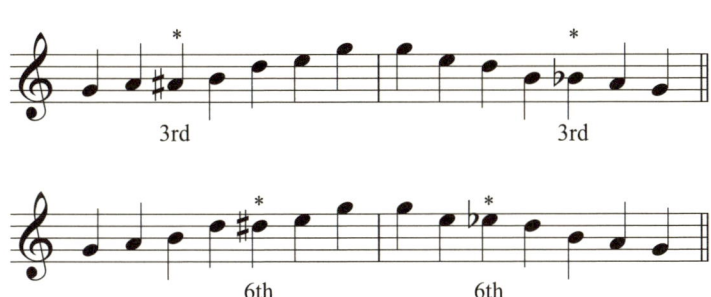

예제 9.5 3도와 6도음으로 낮아진 사장조 5음 음계(G Major pentatonic scale)

이론상으로 반음 올려진 2음과 5음을 반음 낮춰진 3음과 6음으로 바꿔서 말할 수 있다.

Chapter 9

예제 9.6 5도와 7도음으로 낮아진 5음 음계

확실히, 7도는 5음 음계의 일부분이 아니다. 이제 위에서 배운 것을 "주님여, 이 손을 꼭 잡고 가소서"에 적용해 보자.

예제 9.7 아래로 굽어진 3도, 5도, 6도, 7도음

아래의 곡을 5음 음계를 이용하여 개성있는 편곡을 해보자. 연주하면서 셋잇단음표의 느낌이 들도록 연주해도 좋다. 그리고 12/8 박자라고 생각하고 연주해도 좋다.

예제 9.8 적용(Improvise)! "예수 나를 오라하네" (찬송가 324장)

8장에서 이미 다뤘던 이 곡에서 3음, 5음, 6음과 7음의 사용은 더욱 아름답게 들린다. 다른 음계를 활용한 예를 살펴보도록 하자.

블루스(The Blues)

앞에서 이미 5음 음계를 사용하여 다양한 음들을 꾸밀 수 있다는 것을 발견하였다. 블루스 형식에서 온 변화된 음들로 선율을 더욱 영감있고 감성적으로 표현할 수 있다. 그리고 장조 음계 3음과 5음과 7음은 자주 아래로 낮아진채 꾸며진다.

예제 9.9

C장조 음계의 워십곡에서 블루스 분위기가 나도록 E대신 E♭을, G대신 G♭을, B대신에 B♭을 사용할 수 있다. 그러므로 위와 같은 조합은 가능하다.

예제 9.10 굴곡된 7도와 3도(Infected 7th and 3rd)

블루스 느낌을 위해서 D, E, F 그리고 G화성 위에 이 패턴을 적절히 사용해보자.

그러나 블루 음들은 정확히 반음이 낮은 게 아니라 약간 중간쯤에 있다. 더욱이 평범한 C장 3화음 대신에 종종 딸림7화음이 1, 4, 5도에 쓰인다.

아래 예는 확실한 지점에서 전략적으로 낮춰진 3, 5, 7도가 어떻게 선율에서 가스펠-재즈 느낌을 주는지 보여주고 있다.

앞에서 배운 다양한 굴절장식들(스쿱, 글리스, 밴드, 스필)은 블루스 음의 유쾌한 불협화음의 질을 크게 향상 시켜준다.

예제 9.11 블루스 꾸밈음, "나 같은 죄인 살리신" (찬송가 305장)

다양한 지점에서 3음과 7음이 낮아지는 것을 위의 예를 통해 알 수 있다. 또한 얼마나 장3화음음계와 단음계 사이에서 상호작용이 일어나는지 알 수 있다. 이 전위는 선율의 재미를 높여 준다. 또한 낮춰진 3음이 사용될 때, 그것은 선율선의 내려가는 부분에서 적절하게 조화하고, 그것으로 울적한 무게와 깊은 감정을 어루만지는 느낌이 만들어 지는 것을 알 수 있다.

이제 C7코드가 있는 여덟번째 마디의 첫 번째 선율음(E♭)을 살펴보자. 화음이 이와 같이 쓰일 때, 그 결과로 생긴 울림이 이것과 같아 보일 것이다.

예제 9.12 C7화음과 위의 블루스 음(C7 Chord with Blues Notes on Top)

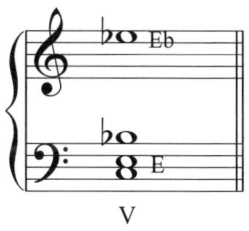

이제 위의음 E♭화음이 한 옥타브아래 있는 코드를 분석해 보자. 높은음자리표의 단3음(E♭)과 낮은음자리표의 장3음(E) 사이에는 울림이 있다. F장조에서 블루스 E♭은 종종 딸림화음(V) 위에 나타난다. 유사하게, 블루스 A♭은 종종 으뜸화음(I) 위에 나타난다.

예제 9.13

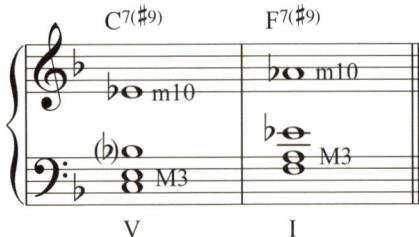

C7 위의 E♭처럼 낮아진 3음이 장3화음이나 딸림7화음위에 위치할 때, 우리는 장조와 대조되는 단조의 사랑스러운 충돌 즉, 블루음표들의 매력을 거짓말처럼 경험하게 된다.

이 긴장감은 블루스적인 효과를 만들어 낸다. F장조음계에서 딸림화음의 울림이 주의 깊게 고려될 때(C-E-G-B♭-E♭), 올려진 9도 음정 D#음이 E♭(단 10도음정)으로 바꿔 표기되어 나타난다. 이것은 으뜸화음(I) 에서도 9도음정 G#이 A♭으로 바뀌어 나타나게 되는데 이것은 상당히 대중적인 상징으로 자리 잡았다.

아래의 꾸밈음은 휘트니 휴스턴과 머라이어 캐리의 노래스타일의 대표적인 것이다.

예제 9.14

블루스 음계(The Blues Scale)

블루스 공연을 위한 요소인 블루스 음계는 단조 5음 음계와 매우 유사하다.

예제 9.15 다단조 5음 음계와 블루스 음계의 비교

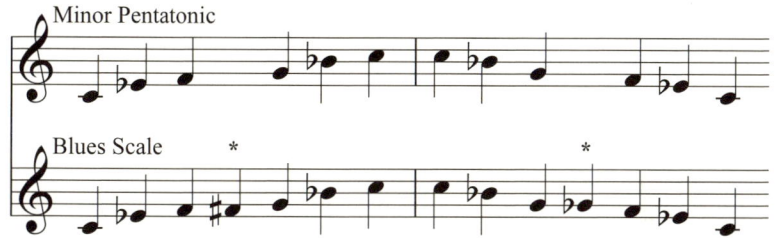

5음 음계와는 달리 위의 블루스 스케일은 F#(또는 G♭)을 가지고 있다. 그것이 유일한 차이점이다. 그러나 F#/G♭의 변화는 일반적으로 블루스 음에 사용된다.

예제 9.16 과제! 모든 음계(Keys)를 연습하라!

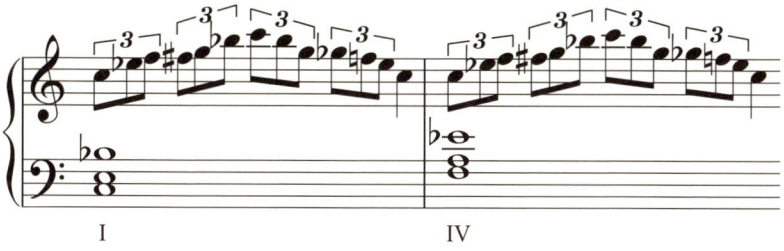

블루스 음계는 불협화음이 생김에도 불구하고 Ⅰ, Ⅳ 그리고 Ⅴ도 위에서 사용된다.

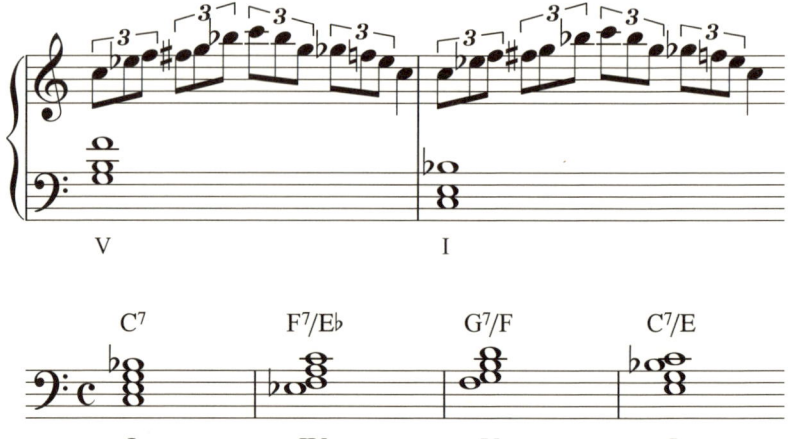

또한 딸림7음의 전위는 왼손으로 대체할 수 있다.
예제를 보자. 딸림7화음이 어떤 음계의 음정에서도 일어날 수 있다.

예제 9.17 "나 같은 죄인 살리신"

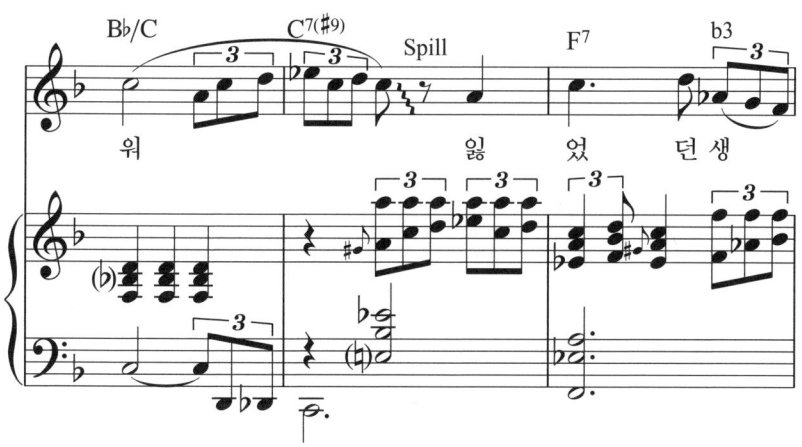

Chapter 9

위의 부분을 처음에는 천천히 자유롭게 연주해보라(키보드 부분을 단순하게). 두 번째에는 박(beat)과 빠르기(tempo)를 유지하면서 연주하라.

아래는 블루스 음계에서 파생된 몇 가지 일반적인 선율 공식이다.

예제 9.18 과제! 다음 주어진 음계(Keys)를 연습하라!

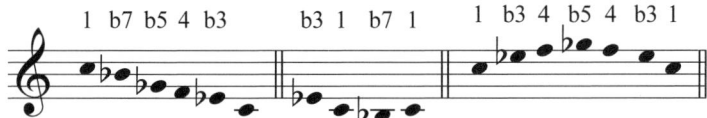

또한 블루스 3음, 5음, 7음과 반음관계를 포함하는 선율 공식은 아래와 같이 강조 될 수 있다.

예제 9.19 반음 과제! 다음 주어진 음계(Keys)를 연습하라!

하나 또는 몇 가지 블루스 음계의 음들을 포함하는 반복 악절들이 사용될 수 있다.

예제 9.20 반복악절(Riffs)

반복된 악절들은 주어진 기준박을 추가(addition), 확장(extension), 밀기(push) 등을 통해 발전시킬 수 있다.

예제 9.21 반복악절(Riffs)

독창자나 독주자들도 블루스 음계 단일 음을 나타내고 발전시킬 수 있다.

예제 9.22 추가(addition)를 통한 발전

예제 9.23 적용(Improvise)! "Wade in the Water"

블루스 음계는 "Wade in the Water"와 같은 단조음계 노래에 쉽게 사용된다.

예제 9.24a 적용(Improvise)! "주님여, 이 손을" (복음찬송)

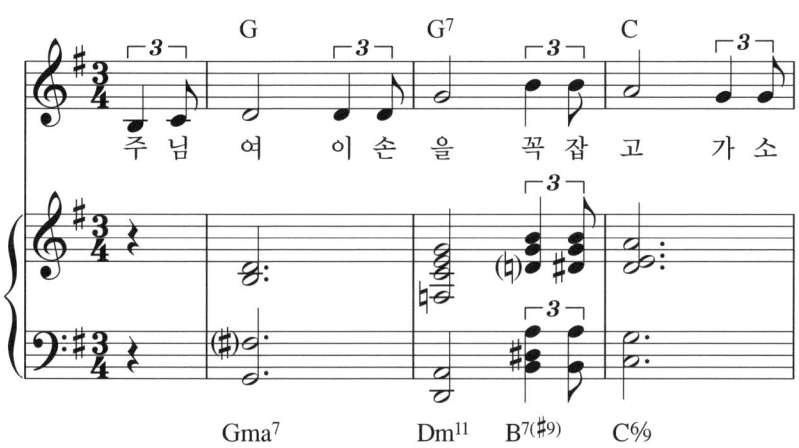

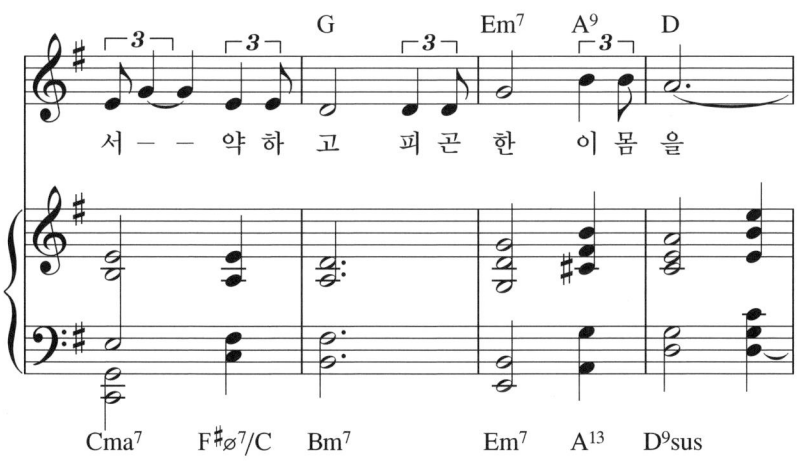

Chapter 9

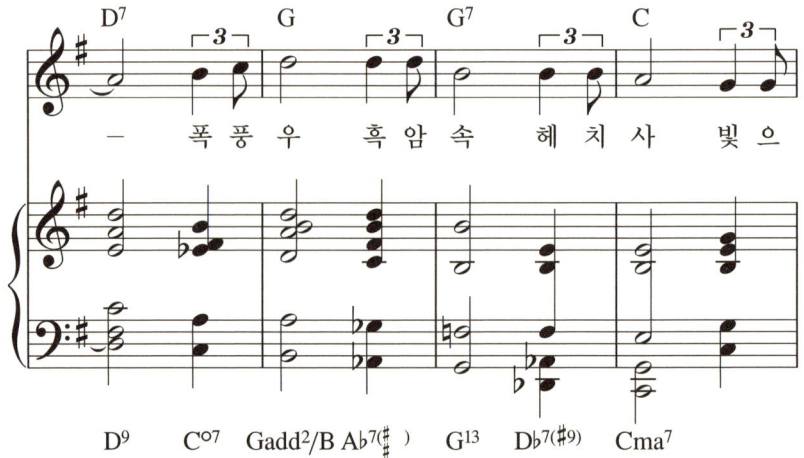

독창자들과 단일 선율을 연주하는 악기연주자들은 주어진 선율을 장식한다. 그리고 블루스 음(notes), 스쿱(scoops), 밴드(bends)와 스필(spils) 뿐만 아니라, 리듬변환(rhythmic desplacement)을 사용한다.

악보에서 단어 위의 팝 기호(pop symbol)가 단순한 하모니를 나타내는 반면, 반주자들은 단어 아래의 팝 기호로 더 복잡한 하모니를 표현하고 있다. 모두, 또는 둘의 조합을 시도해보라. 또한 느리게, 자유로운 리듬으로도 연주해보라.

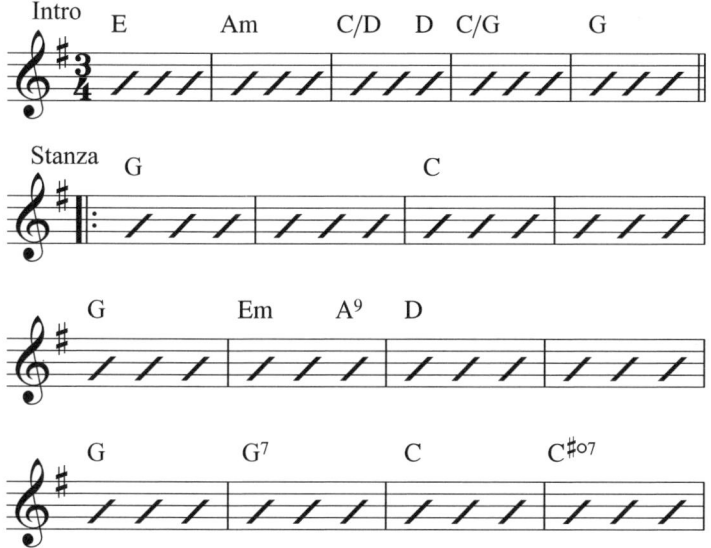

예제 9.24b 적용하라!! Precious Lord, Take My Hand

이 편곡은 스윙(swing)이다! 다섯 번의 반복은 오디오 트랙에 대비하여 즉흥연주를 위한 확장된 기회를 제공한다: (1) 선율(melody), (2) 컴핑(comping)(리듬을 강조하기 위해 불규칙한 화음으로 반주), (3) 컴핑(comping), (4) 컴핑(comping), (5) 독주(solo), (6) 컴핑(comping). 반주는 단순하게 시작하며, 화음과 리듬을 복잡하면서도 역동적으로 만들어 가야한다.
적용(Improvise)! 반복해서 진행하는 것처럼 각 사람이 돌아가면서 독주(solo)로 연주할 수 있다.

다음 즉흥연주 기회는 8분음표의 흐름이 있는 4/4박자의 곡이다. 블루스 스타일의 형식으로 기보된 곡들은 일반적으로 셋잇단음표 느낌으로 연주해야 한다. 때로로 여러분은 악보 맨 위 박자표 근처에서 이러한 표기를 볼 수 있을 것이다.

이것은 셋잇단음표가 연속적인 8분음표를 대신한다는 것을 의미한다. 그러면 셋잇단음표 느낌을 가지고 다음 곡을 연주해 보자.

다음 편곡은 몇 개의 화음을 바꾼 것이다.

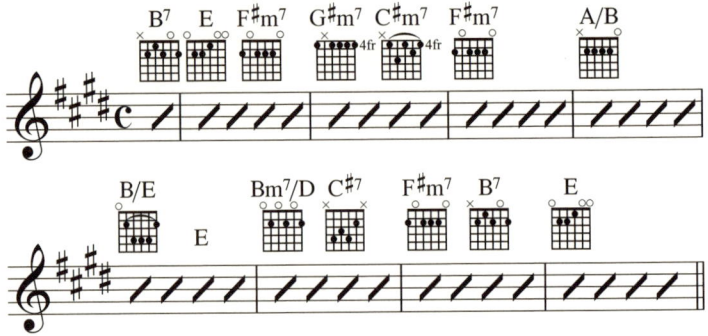

스윙으로 연주할 수 있는 반면에, 위의 편곡은 자유롭게(그리고 느리게) 연주할 수 있다. 또한 다양한 절에서 다른 조로 전조할 수 있다(예: E, F, G).

Part Five

보다 정교한 선율 만드는 법
(Extended Melodic Elaboration)

10. 음색과 선율의 확장(Color Tones – Extensions)   171

11. 동형진행을 통한 선율 연결
    (Achieving Continuity through Sequences)   201

12. 새로운 선율과 울림 만들기(Creating New Lines, Echoes)   213

13. 작은악절, 큰악절, 곡 전체를 새롭게 조합하기
    (Reshaping Phrases, Paragraphs, Whole Pieces)   229

14. 자유 즉흥연주(Free Improvisation)   235

예배자를 위한 작곡 편곡

Chapter 10

Chapter 10

음색과 선율의 확장(Color Tones – Extensions)

이번 장에서는 전타음(앞꾸밈음/Appoggiatura)을 보도록 하자. 이것은 우리가 감정적인 표현을 하는데 아주 유용하며 음색을 표현하는 데에도 좋다. 또한 이것은 불협화된 줄임꾸밈음과도 같다. 이것을 종종 느린 곡에서 볼 수 있다. 아울러 익숙한 예배 찬양곡들을 더욱 아름답고 화려하게 꾸며주기도 한다.

아이디어 얻기(Getting the Idea)

예제 10.1 연주하라! "경배하리 주 하나님"

이곡은 전타음을 광범위하게 사용하였다. 위의 작은악절을 몇 차례 연주해보라. 전타음의 기능을 그리고 어떻게 감정적인 부분을 표현했는지 살펴보라.

당신은 전타음이 긴장음(tension notes)과 음색(color notes)에 대한 변화를 주며 해결의 기능을 하는 것에 동의하는가? 또한 강조하는 느낌도 주고 있다(4/4박자에서 첫번째와 세번째 박). 이는 감정의 강도를 잘 표현해 준다.

마지막으로, 각각의 전타음은 도약에 의해서는 접근되어졌고 순차진행에 의해서는 멀어지게 되었다.

정의: 전타음은 비화성적 음들을 사용하여 곡 진행에 있어 긴장의 느낌을 주면서 세 단계로 화성음, 비화성음, 해결에 이르며 곡의 흐름을 만든다. 이에 대한 설명은 아래와 같다.
선행(preparation)에 대한 준비는 3화음의 근음, 3음 또는 5음 위에 나타난다. 선행도약을 통해 전타음(보통은 주어진 화음의 9도, 11도 또는 13도 음정으로)이 사용된다. 그리고 나서 반대 방향으로 순차진행하면서 해결된다.

Chapter 10

예제 10.2

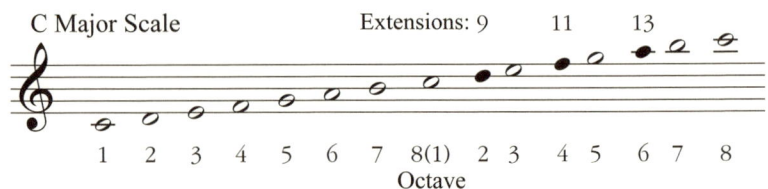

아래와 같이 만약 다장조 화음(C)을 가지고 있다면 이에 대한 전타음은 라단조 3화음(Dm)에 의해 만들어진다(음계의 2,4,6도음).

예제 10.3

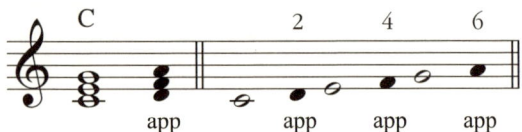

위의 예제는 아래와 같이 전타음과 해결의 흐름으로 가는 것을 보여준다.

예제 10.4

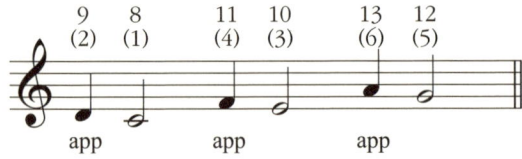

2도 음은 9도 음으로, 4도 음은 11도 음으로, 6도 음은 13도 음으로 각각 해석하게 된다.

자, 그렇다면 9-8, 11-10, 또는 13-12도 음정으로 전타음이 사용되는 것이 이해되는가?
전타음 사용에 대한 훈련과정에서 처음엔 2-1, 5-4, 그리고 6-5로 음정관계를 생각하면 보다 쉽게 이해할 수 있다.

이것을 "경배하리 주 하나님"에 적용하면 다음과 같다.

예제 10.5 "경배하리 주 하나님"

준비(Preparation): 위의 예에서 주선율의 첫 음인 D음이 다음에 오는 G 장3화음을 준비하고 있음을 발견할 수 있다.

전타음(Appoggiatura): 첫 번째 전타음은 G음으로부터 9도(또는 2도)음정이다. 두 번째는 Em7의 11도(또는 4도)음정으로 나타난다. 주선율에 나타난 첫 번째 전타음 A는(1~2마디) 도약으로부터 만들어진다. 즉, 두 전타음 모두 강박에 위치하고 있다.

해결(Resolution): 두 전타음 모두 선율진행의 반대 방향으로 순차진행에 의해 해결된다. 위의 예에서 세 번째 마디에 가사 '전능하신' 도 E음을 예비음으로 본다면 9-8전타음으로 해석할 수 있다.

우리는 위에서 화성음, 비화성음, 해결로 이어지는 흐름을 볼 수 있다.

떨어지는 전타음 듣기 연습(Training the Ear for Falling Appoggiaturas)

아래의 예들은 I vi IV V I나 I ii V I 로 진행되어진다. 이것을 다른 조성 안에서도 시도해 보라. 어떤 리듬의 비교를 보여줄 것이다. 이것을 찾았다면 선율이나 기본적인 화음을 노래와 함께 피아노로 연주해 보라. 지속적으로 다양한 음악적 조합을 만들어 보면서 화음의 이름들을 숙지하도록 훈련하라!

예제 10.6

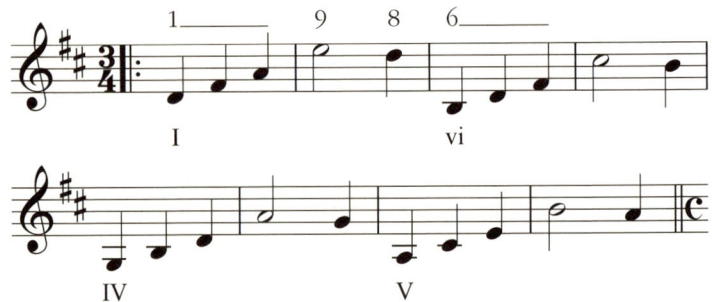

예제 10.7

위의 전타음은 긴 두 박자 리듬 이후 특별한 강세의 느낌을 주고 있다. 또한 이 리듬은 다양한 변화를 줄 수 있다. 우리는 그 시작을 근음, 3도음, 5도음, 7도음으로 할 수 있다.

예제 10.8

위의 예에서 주목할 것은 전타음의 준비가 7도화음(7도 음정은 종종 불협화음정으로 본다.)에서 발생한다. 이것을 통해 각 박마다 음악의 느낌과 소리가 마치 전타음처럼 들리게 한다.

여기서 다른 화성의 진행의 경우를 살펴보자: Ⅰ-Ⅴ-Ⅰ

예제 10.9

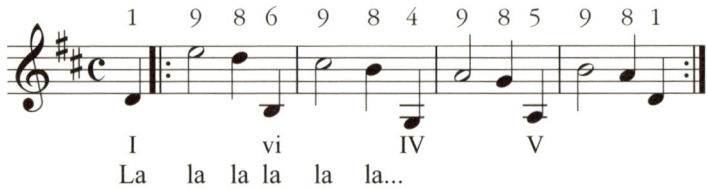

4-3 전타음은 아래와 같이 같은 진행 형태에서도 발생한다.

예제 10.10

조용히 읊조리듯 위의 예제를 노래해 보라. 각 마디의 전타음이 귀에 들리는가?

상행하는 전타음 듣기 연습
(Training the Ear for rising Appoggiaturas)

전타음은 또한 상행함으로 해결의 역할도 한다. 이것은 음의 지연(Retardation)이라 불린다.

예제 10.11

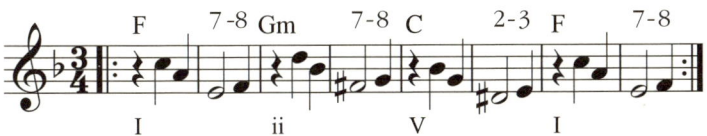

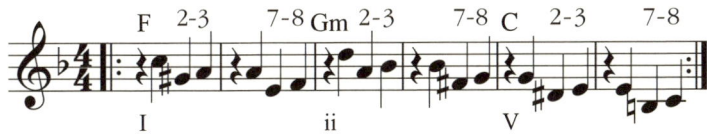

Chapter 10

변화하는 저음(Bass)에 의한 전타음 만들기
(Create Appoggiatura by Changing the Bass)

예제 10.12-A

다음의 예제에서 바뀌는 베이스 선율에 의해 발생하는 자연스런 9-8, 4-3, 그리고 7-6 전타음을 접하게 될 것이다.

바로 아래의 예제 (B)에서 꾸밈화음에 속한 C음이 전타음인 저음으로 도약하면서 "창의적 공간(creted space)"을 만드는 예로 보여주고 있다.

예제 10.12-B

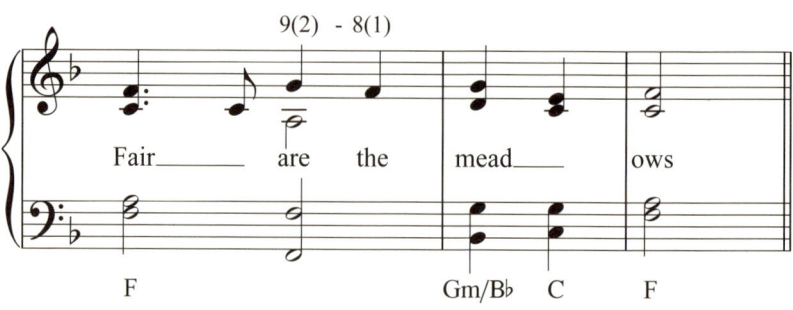

예제 10.12-C

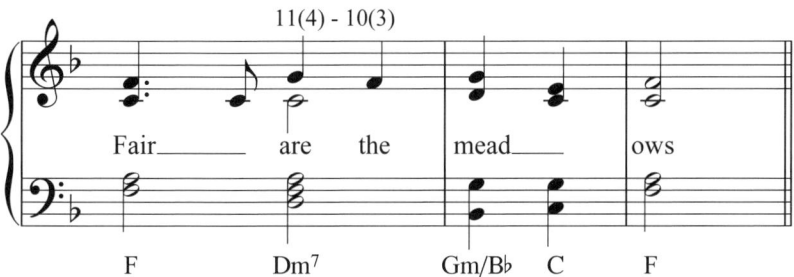

예제 10.12-D

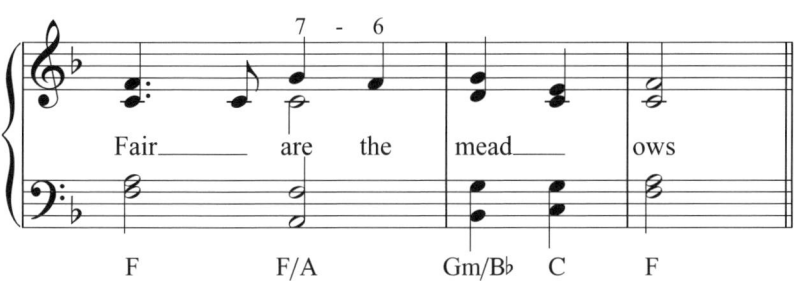

다음은 7-6 전타음을 증7화음(A C# F G)과 함께 보라. 감성적인 느낌을 창출하는 예이다.

예제 10.13: 증화음 (Augmented Chord)과 전타음

Chapter 10

예제 10.14 "항상 진실케" (복음찬송)

다음 장에서 전타음의 동형진행 형태를 살펴볼 것이다. 다음 예제의 3-4마디가 1-2마디와 같은 악절형태를 가지고 한 음정 낮게 구성되어진 것을 주목하라.

또 한가지 주목할 것은 B♭음과 A♭음을 비화성음적 도입꾸밈음으로 분류할 수 있다. 주선율이 B♭과 A♭음 뒤에 오는 경우다. 이러한 경우를 통해 B♭음과 A♭음을 통한 비화성음의 가치위에 전타음이 강조되고 있는 것이다. 따라서 전타음(Appoggiatura)은 '비화성음적 도입꾸밈음(dissonant intensor)'이란 정의를 내릴수 있다.

9-8(2-1) 다양한 예비(Varying the Preparation) 위에서의 전타음(Appoggiatura)

보통 처음 화성음에 의한 전타음은 그 화음이 속한 음계 안에서 사용된다. 아래에 보면 Em7(E)의 9도음을 사용하여 예비(Preparation)를 만들었고 8도음을 사용하여 해결(Resolution)로 진행하였다. 넓은 간격은 앞꾸밈을 더 강하게 만든다.

예제 10.15 "E"의 근음 위에서 예비(Preparation)

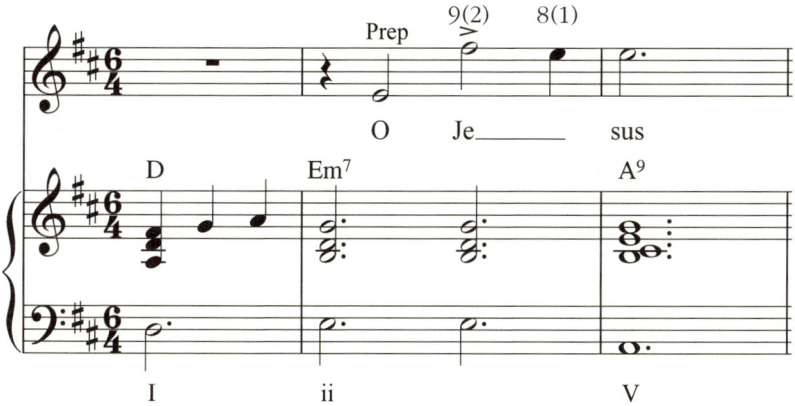

예제 10.16 3음(G)위의 9-8 전타음 예비

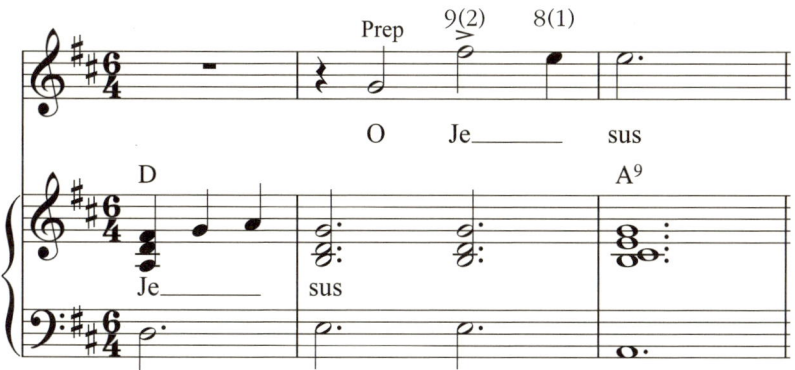

예제 10.17 5음(B)위의 예비

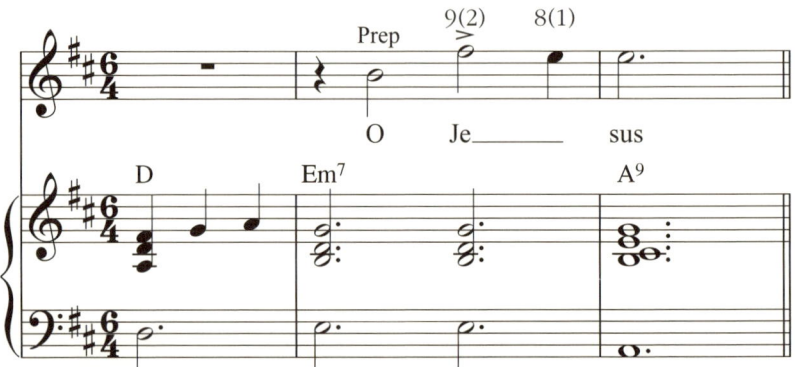

예제 10.18 7음(D)위의 예비

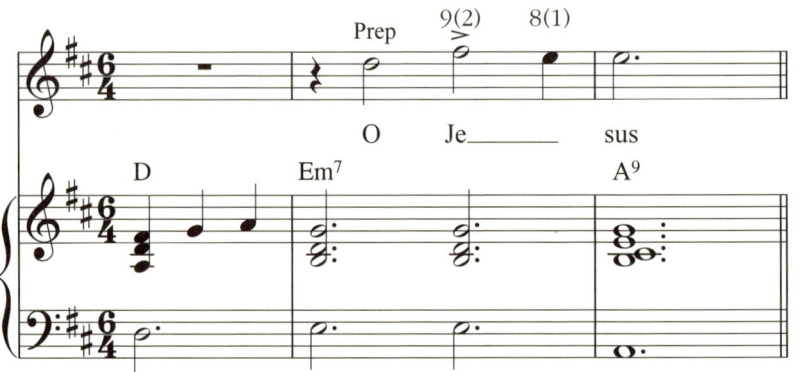

예제 10.19 별표(*)된 음표를 이용해 9-8전타음 만들기!

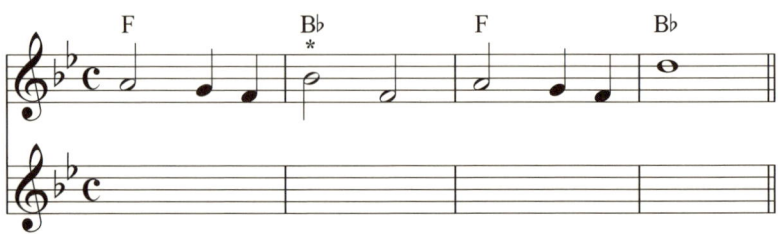

다양한 하행 전타음 (more falling Appoggiatura): 4-3, 6-5, 그리고 7-6

지금부터 더욱 다양한 전타음들의 가능성을 살펴보라. 물론 이 전타음들은 근음에 3음, 5음 또는 그 위의 음정들 위에서 예비(preparation)가 이뤄진다.

예제 10.20 근음 위에 만든 4-3 전타음과 예비

악기 연주자들은 아르페지오를 이용해 전타음을 예비 할 수 있다.

예제 10.21 아르페지오를 이용한 예비

예제 10.22 근음 위의 6-5 전타음 예비

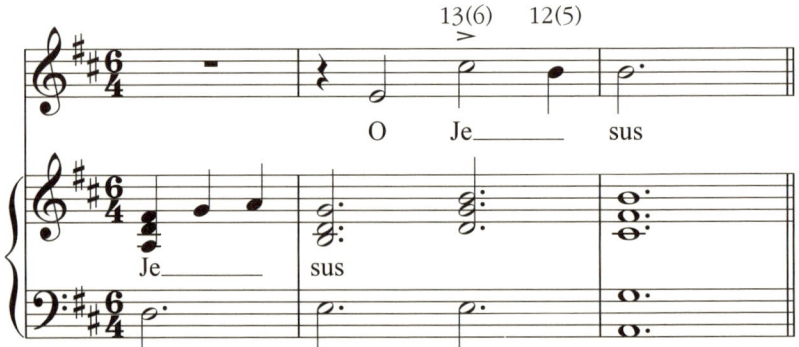

예제 10.23 3음 위에 7-6 전타음 예비

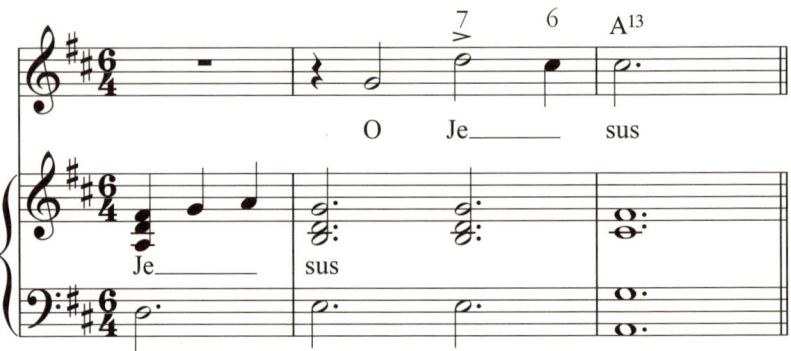

아래 주어진 찬양 "영화로우신 주의 이름"(Glorify Thy Name) 이용해 위의 4가지 전타음(9-8 전타음 포함)을 만들어 보라!

예제 10.24 "영화로우신 주의 이름"(Glorify Thy Name)

Chapter 10

전타음(Appoggiatura)들은 내려가는 것만이 아니라 올라갈 수도 있고 꾸미는 것 역시 할 수 있다. 또한 연속으로도 사용할 수 있다. 함께 알아보고 창의적인 프로젝트를 몇 개 해보자.

상행 전타음(Appoggiaturas that Rise) : 2-3, 4-5, 5-6, 7-8

반음계('chromatic' 반음씩 내려가거나 올라가는 것)적으로 하행 도약할 수 있다.

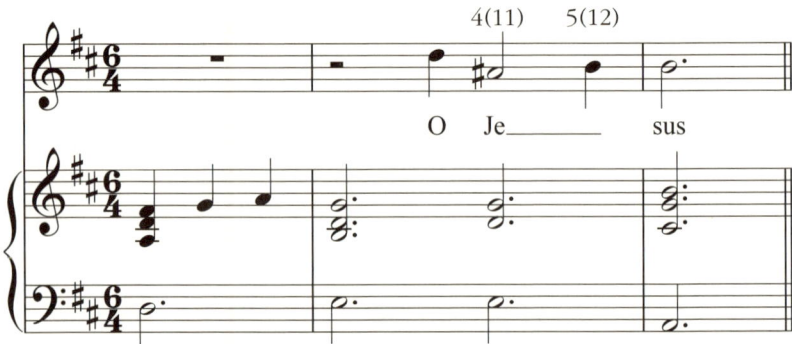

아래에 별표가 붙은 부분에 상행, 장식, 4-5반음계 전타음을 즉흥적으로 만들어보자. 주의 깊게 보면 2개의 4-3 전타음들이 이미 선율 안에 있는 것을 볼 수 있다.

예제 10.27 상행하는 4-5 전타음을 찬송가 "오 신실하신 주" (찬송가 393장)에 적용해 보자.

예제 10.28 7-8 전타음

예제 10.29 "이와 같은 때에"

Chapter 10

예제 10.30 5-6 전타음

아래에 별표가 붙은 부분에 상행, 장식 2-3 전타음 2개를 적용해 보자.
두 번째 별표가 붙은 부분은 반음계 전타음으로 하는 것이 보다 자연스럽다.

예제 10.31 적용(Improvise)! "거룩하신 하나님"

아래에, 두 가지 예를 사용하여 몇 가지 전타음 종류들을 모아봤다.
첫 번째 예, 반복되고 있는 저음(Bass)들이 B 와 A에서 지속음(Pedal)역할을 하고 있다.

두 번째 예는 첫 번째 예의 편곡이다.

예제 10.32 연속적으로 하행하는 전타음

위의 전타음은 도입꾸밈음(intensors)과 돌림꾸밈음(circumflexors) 같은 역할을 보여준다.

예제 10.33 오르거나 내려오는 꾸밈음

예비 없는 전타음(Unprepared Appoggiaturas)

어떤 때는 전타음들의 예비과정이 생략된다.

예제 10.34 하나 그리고 둘(겹 전타음)인 예비 없는 전타음

위의 예제에서 첫 음인 E#이 예비없는 전타음이다. 중복전타음을 주의 깊게 살펴보라. 예배되거나 준비없이 전타음이 사용된 것을 볼 수 있다.

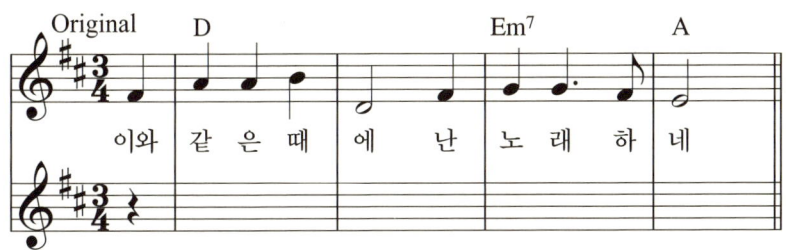

예제 10.35 실습! "이와 같은 때에" (In Moments Like These)

D코드에 있는 두 개의 약박(upbeats)들을 사용해서 예비되지 않은 전타음들을 만들어 보라. 지금까지 다룬 7가지의 전타음을 떠올리며 최대한 많이 사용하라.

전타음 이전에 꾸미기
(Decorating before the Appoggiatura)

전타음을 꾸미기 위해 작은악절들은 장식적 펼침화음(Arpeggio)(ornamental arpeggios), 단계진행(scalar runs), 이웃음과 경과음들(neighbor and passing tones)등에 의해 만들 수 있다. 같은 방법으로 전타음을 이탈음(Escape Tone), 또는 3도 또는 6도음정의 이중음(doublings of a third or sixth) 들로 종종(자주, 흔히, 가끔) 꾸민다. 이 가능성들을 살펴보자. 다음의 첫 번째 예제에서 펼침화음의 사용을 보여준다. 두 번째 예제에서는 리듬도 더 빨라지고 더욱 극적이게 펼침화음의 F#음이 전타음과 맞물려 있는 것을 발견할 수 있다.

Chapter 10

예제 10.36 펼침화음으로 전타음을 예비하기

반음계 아래 이웃음과
후속꾸밈음(extensor)을 통한 예비

예제 10.37 아래 이웃음과 예비에 사용된 후속꾸밈음(Extensor)

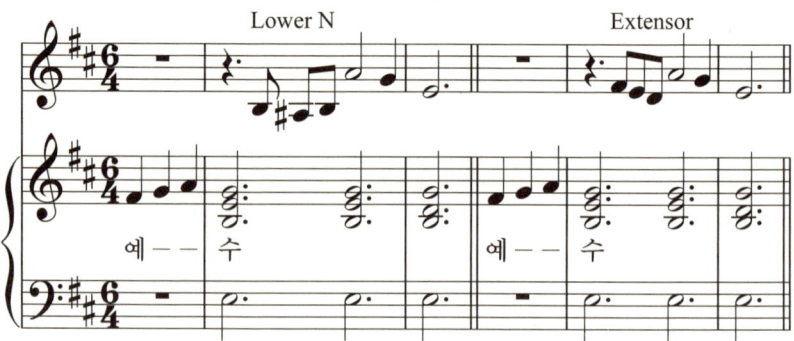

전타음 이후에 꾸미기
(Decorating After the Appoggiatura)

아래 첫 마디를 보면, 전타음 후에 이탈음(G)으로 꾸미는 것을 볼 수 있다. 넷째 마디에서는 3화음이 더해졌다. 두 명이 부를 수 있다.

예제 10.38 전타음 후에 이탈(Escape tone)음으로 꾸미기

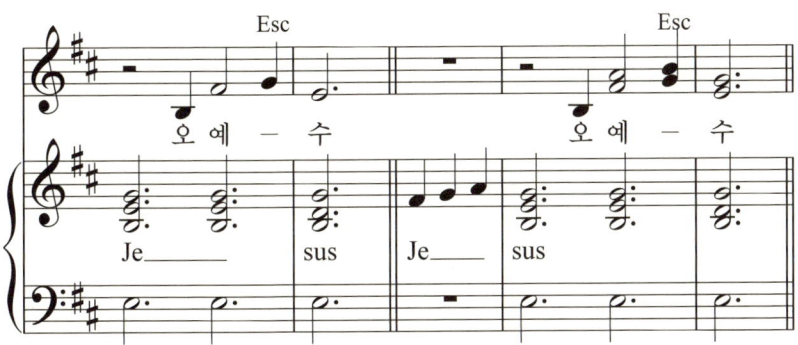

예제 10.39 전타음 후에 더 화려하게 꾸미기

위의 전타음 A는 이탈음/extensor(Bb) 으로 꾸며졌다.

다음 예의 위에 즉흥적으로 더 화려한 장식을 적용하기

위의 곡은 몇 개의 전타음들이 있다. 할 수 있는 대로 최대한 창의적이고 세련되게 꾸며보라.

예제 10.42 더 화려한 꾸미기

곡에 빈 공간이나 채울 부분이 없을 때 전타음들을 사용할 수 있을까?
다음 예제, "저 아기 잠이 들었네"(찬송가 113장)에서 주선율이 진행되는 중에 전타음들이 사용되는 것을 보여준다. 병행 코드(parallel chords)(E-D)들이 연속적인 전타음들을 가능하게 하기 위해 하나씩 떨어지는 것을 살펴보라.

예제 10.43 "저 아기 잠이 들었네"

Chapter 10

아래, 또 하나의 가능한 연속적 전타음들을 살펴보자.

예제 10.44 "저 아기 잠이 들었네"

1. 아래의 곡들을 위해 공간을 채우는 전타음들을 즉흥적으로 만들라.

표시: 전타음의 종류를 표시하라 (예, 9-8). 적어도 하나의 상행 전타음을 멋지게 아름답게 표현하도록 노력하라. 모든 빈 공간을 채우지는 않아도 된다. 그러나 각 곡을 위해 적어도 네 개의 전타음들을 사용하라.

2. 대체음(substitutions),제외음(subtractions), 전위음(inversions)등을 사용하여 멜로디들에 전타음들을 붙여보자.

3. 이 악보에 두 가지 방법을 사용하라 : (1) 가능한 곳에만 전타음들을 사용하여 멜로디를 장식하라 ; 각 악절의 두 번째 마디에 전타음들을 사용하여 공간들을 채워라.

Chapter 10

예제 10.46 "저 아기 잠이 들었네" (찬송가 113장)

예배자를 위한 작곡 편곡

Chapter 11

Chapter 11

동형진행을 통한 선율 연결
(Achieving Continuity through Sequences)

11장에서는 즉흥연주 안에서 선율을 연결하는 또 하나의 방법인 동형진행을 살펴보고자 한다. 이 시간들을 통해 점점 자신의 음악적인 본능, 멋과 정확성들을 더욱 정교하게 사용하게 될 것이다. 또한 서로 영향을 주는 꾸밈음의 배열들을 활용할 수 있을 것이다.

동형진행(Sequence)

음악에서의 동형진행은 통합되고자하는 성질을 가지고 있다. 이것은 하나의 형식을 가지고 있는데 높거나 낮은 음정 높이의 선율 한 부분이 빠르게 진행되는 것이다.

예제 11.1 임마누엘

예제 11.2 "좋으신 하나님" 안에 있는 조적동형진행(Tonal Sequence in "God is so Good")

음정간의 반복되는 동형진행을 정확하게 지킬 필요는 없다. 만약 첫 마디 C-E 사이의 장3도 음정을 지켜 반복한다면 원치않는 반음계적 진행이 발생하게 될 것이다!

예제 11.3 "좋으신 하나님" 안에 있는 불필요한 반음계주의 (Unwanted Chromaticism in "God is so Good")

주목할 것은 동형진행의 불필요한 음악적 생성과 진행을 피하기 위해서는 조성 안에서 온음계를 사용하였다. 이를, '조성동형진행 (Tonal Sequence)'라 한다.

예제 11.4 "좋으신 하나님"의 꾸며진 동형진행(Embellished Sequence of "God is so Good")

꾸며진 동형진행은 보조음, 경과음, 이탈음(escape tone)을 사용하였다.

예제 11.5 "좋으신 하나님" 안에 있는 모방된 동형진행 (Modified Sequeance in "God is so Good")

위의 예에서는 첫째 줄 첫마디에 주어진 주선율의 상행진행(D#–E)을 두 번째줄에서 역으로 하행진행(F–E)하는 모양을 하고 있다. 아울러 첫마디 마지막 박에서는 G음에서 A음으로의 진행을 C–A로 바꾼 것을 발견할 수 있을 것이다.

화성동형진행(Harmonic Sequeance)

동형진행에는 화성동형진행과 선율동형진행이 있다. 다음의 예는 화성적 동형진행이 순차적으로 상행하는 음악적 형태와 함께 사용된 예이다.

예제 11.8 적용(Improvise)!

파헬벨의 '캐논'곡을 활용한 실습!
(Pachelbel Assignments)

예제 11.9 파헬벨의 캐논(Pachelbel, Canon in D)

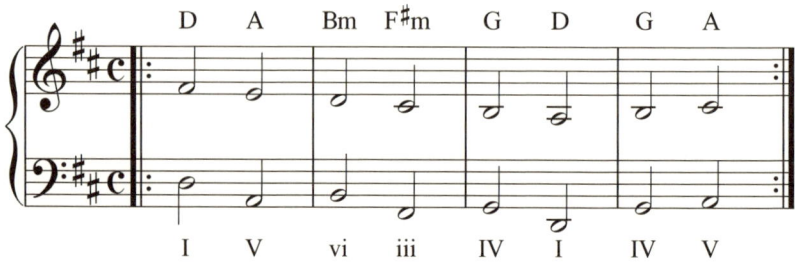

예제 11.10 파헬벨의 캐논(Pachelbel, Canon in D)

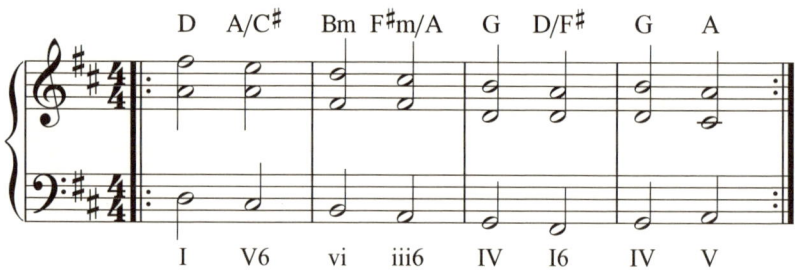

예제 11.11 계단식 동형진행

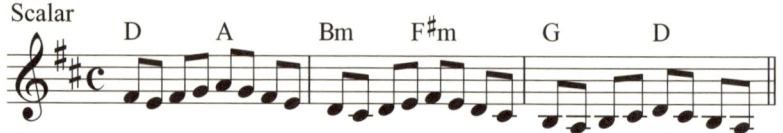

파헬벨의 '캐논'을 다양한 음악적 스타일로 연주해 보라!

예제 11.12 Rock

예제 11.13 Rock

예제 11.14 Fast Gospel

예제 11.15 Slow Gospel

Slow Gospel

"천사들의 노래가" (찬송가 125장)를 통한 실습!
(Angels We Have Heard on High Assignments)

예제 11.16 찬송가 편곡 "천사 찬송 하기를" (찬송가 126장)

위의 예의 각 마디마다 주선율이 C–Bb–A–G 로 하행하며 동형진행 형태를 가지는 것을 주목하라!

Chapter 11

부분음 동형진행(Partial Sequences)

부분적인 동형 진행 역시 가능하다. 아래 악보 예에서 보듯이 순차적 상행 동형진행도 포함할 수 있다.

예제 11.17 Partial Sequences

지금까지 우리는 2도나 3도 음정을 상행 또는 하행하거나, 모방하거나, 부분적으로, 그리고 화성적으로 동형진행이 가능하다는 것을 배웠다. 다음의 예는 화성적 동형진행의 예이다. 시도해 보자.

예제 11.18 "저 아기 잠이 들었네"(What Child is This) (찬송가 113장)

예배자를 위한 작곡 편곡

Chapter 12

새로운 선율과 울림 만들기
(Creating New Lines, Echoes)

적합한 곡의 선택(Choosing the Right Piece)

즉흥연주의 시작단계에서 마디마다 나타나는 선율과 화성구조 (Hi-V-I)의 이해와 동형진행의 반복에 대한 간략한 관계들을 배웠다.
아래의 예제에서는 3박이나 4박의 긴 리듬이 있는 곳이 적용할 수 있는 좋은 장소가 된다. 또한 노래의 끝부분 비어있는 공간은 새로운 선율을 채우고 울림을 만들고 노래하기에 좋다.

예제 12.1 적용(Improvise)! "선포하라" (All Heaven Declares)

Chapter 12

"거룩하신 하나님" (Give Thanks) 찬양곡을 활용한 실습

예배의 자리에 찬양을 선곡하는 것은 무엇보다 중요한 일이다. 가사가 찬양을 부르는 사람들에게 특별한 의미로 전달될 수 있도록 선곡에 신중해야 한다.

예제 12.2 거룩하신 하나님

위의 예에서 화성적, 선율적으로 활용된 동형진행 악절을 발견할 수 있을 것이다. 긴 음표가 공간을 채우는 것을 주의 깊게 살피라.

선율 꾸미기(Embellishing the Melody)

위의 찬양 가운데 '내가 약할 때' 부분이 다양한 방법으로 꾸며질 수 있다. 예를 들면 이웃음을 사용할 수 있다.

예제 12.3

아래에서 음이 상행하거나(Ascending) 하행하는(descending) 후속꾸밈음(Extensors)을 사용하였다.

예제 12.4

또한 아래와 같이 단계적이거나(Scalar) 펼침화음(Arpeggio)형태로 접근할 수도 있다.

예제 12.5

독립된 선율 만들기(Creating Independent Lines)

만들어지는 선율안에서 다양한 표현을 할 수 있다. 이것은 기존 선율에서 나온다.

예제 12.6

두 번째 마디의 Dm의 현재음은 C이다. 이것을 3화음을 이용해 바꾸어 보자. 이것이 이 예제의 목적이다. 앞으로 각각의 예제의 목적을 이해하고 적용해 보자.

예제 12.7 Dm화성의 제 3음(A) 활용하기

두 번째 마디 종착음은 A음 대신에 D음이다.

예제 12.8 Goal Note: D단 3화음의 근음(Root of D minor)

예제 12.9 Goal Note: D단 3화음의 5음(Third of D minor)

예제 12.10 F코드의 이웃음을 활용한 순차 상행진행

예제 12.11 F코드의 경과음을 활용한 하행진행

예제 12.12 F코드의 하행진행

베이스 선율이 5도의 음정관계로 진행된다면 소프라노 선율 역시 같은 음정관계로 활용해 적용가능하다!

예제 12.13

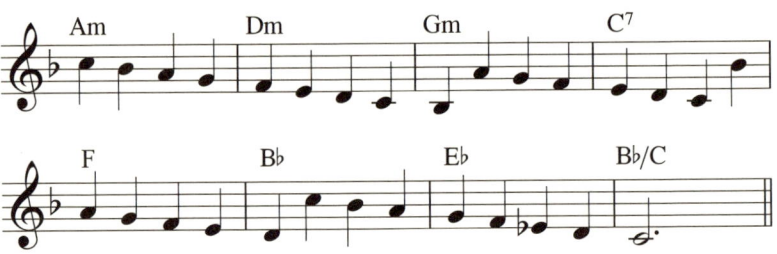

예제 12.14 적용(Improvise)! "거룩하신 하나님"(Refrain)

다음 주어진 화성진행표를 활용해 "거룩하신 하나님" 찬양 가운데 '내가 약할 때'란 가사 부분의 선율선을 보다 창의적으로 만들어보라.

Chapter 12

전위선율 만들기(Inverting Lines)

아홉번째 마디와 열번째 마디를 보면 위와 아래의 자리를 전환한 선율의 예를 볼 수 있다. 이 곡의 끝까지 전위된 느낌을 채워가면서 동형진행형태를 유지하여 보자.

예제 12.15 적용(Improvise)! 임마누엘

다양한 장식과 변화 가운데서도 주어진 원곡의 느낌과 선율적, 화성적, 리듬적인 내용들의 기반이 흩어지지 않도록 주의하라.

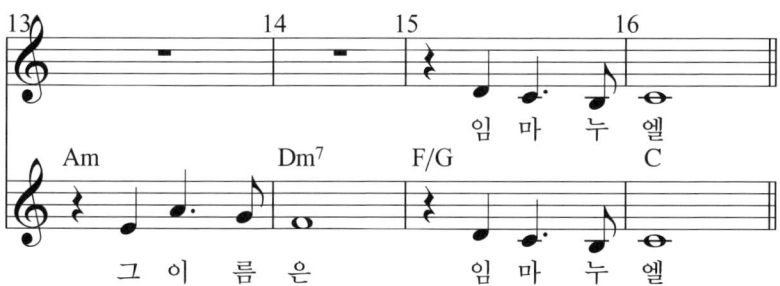

예제 12.16

예제 12.17 적용(Improvise)! 임마누엘

교창형식 만들기 (Antiphonal Responses)

이것은 서로 번갈아 노래하는 방법이다. 다음에 주어지는 두 곡, "기쁘다 구주 오셨네"와 "예수 부활했으니"를 가지고 교창형식을 적용해 보자. 이때 주의 할 것은 두 마디 정도 뒤따라오는 응답형식부분이 원곡의 악곡 양식(style)에 최대한 가깝게 하는 것이 좋다. "기쁘다 구주 오셨네" 찬송의 경우 바로크 스타일로 만들 수 있다.

예제 12.18 적용(Improvise)! "기쁘다 구주 오셨네" (찬송가 115장)

Chapter 12

예제 12.19 "기쁘다 구주 오셨네" (해결예시)

예제 12.20 "예수 부활했으니" (찬송가 164장)

예제 12.21 적용(Improvise)! "예수 부활했으니"

주어진 선율에 이어 '알렐루야' 부분을 창의적으로 만들어 부르거나 연주해 보라.

Chapter 12

예제 12.22 적용(Improvise)! "예수 부활했으니"

이번에 '알렐루야' 부분을 제외한 선율의 앞부분을 자유롭게 만들어 보라.

*힌트: 예배시간에 위의 찬송을 선곡하여 노래할 기회가 있다면 회중에게 '알렐루야'부분을 부르게 해보라.

예제 12.23 적용(Improvise)! "천사들의 노래가" (찬송가 125장)

첫 두 줄의 세번째와 네번째 마디를 채워보라. 아울러 후렴구를 부를때 보다 창의적으로 선율을 만들어 연주하거나 불러보라.

예배자를 위한 작곡 편곡

Chapter 13

작은악절, 큰악절, 곡 전체를 새롭게 조합하기
(Reshaping Phrases, Paragraphs, Whole Pieces)

이를 위해 다양한 곡선이나 모양으로 연결하는 선율을 사용하는 것이 좋다. 특히 곡의 시작 부분은 완만한 굴곡으로 시작하면 보다 효과적이다. 다음의 긴 음표 부분에 적용해 보라.

예제 13.1

아래의 예는 음의 상행이나 하행에 균형을 맞춰 사용해야 함을 보여준다.

예제 13.2

Ascending motion using combined/similar shapes to form "new" melody

Descending motion to achieve symmetry and balance.

Chapter 13

다음은 화성적인 관계를 고려해 적용해 본 예이다.

예제 13.3

작은형식과 큰형식(Shapes Small & Large)

아래의 예를 보면 뒤따르는 간단한 형식으로 곡을 꾸며주고 있는 것을 발견할 수 있다. 다음 찬송을 동기(motive), 악절(phrases) 그리고 악절군(phrase groups)의 세 가지 구성으로 나누어 포물선 모양의 표현 형태로 만들어 보자.

예제 13.4 "나의 찬미" (My Tribuite/ 복음찬송)

예제 13.5 "나의 찬미" 찬송의 동기 구조(Melodic Level)

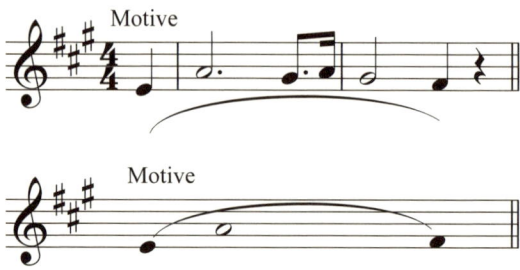

이 동기(Motive)는 자연스럽게 상행하고 하행하는 모습을 보여주고 있다.
다음의 예는 위의 동기를 가지고 파도모양의 세 번 반복형태를 이용한 악절 구성을 보여준다.

예제 13.6 "나의 찬미" 찬송의 반복되는 동기구조 살펴보기

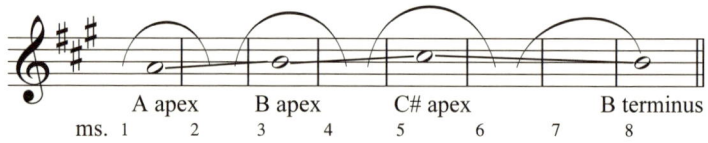

예제 13.7 "나의 찬미" 찬송을 두 개의 큰악절구조 살펴보기

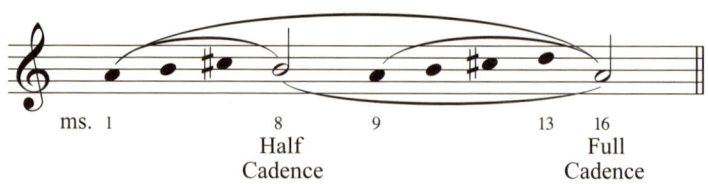

위의 예에서 첫째 큰악절(1–8마디)의 종지음 B(m8)가 둘째 큰악절(9–16마디)에 완전 종지음인 A(m16)으로 포물선 모양의 하행진행을 볼 수 있다.

예제 13.8 "나의 찬미" 찬송의 천체구조 살펴보기

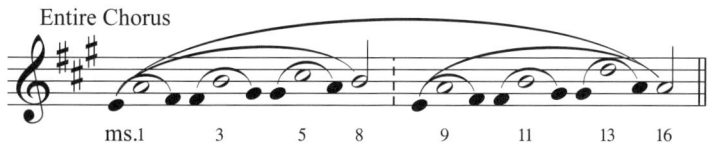

위의 예에서 주어진 찬양의 후렴구 구조가 전체적으로 완만한 상행과 하행을 포함하는 구조를 가지고 있음을 알 수 있다.

예제 13.9 적용(Improvise)!

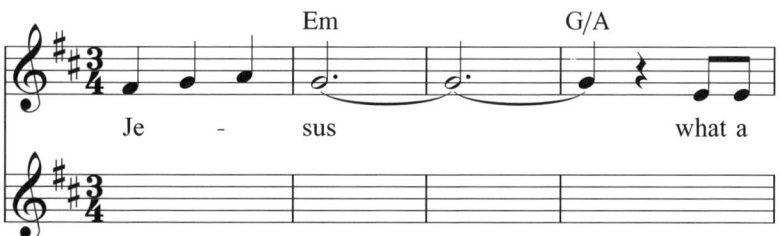

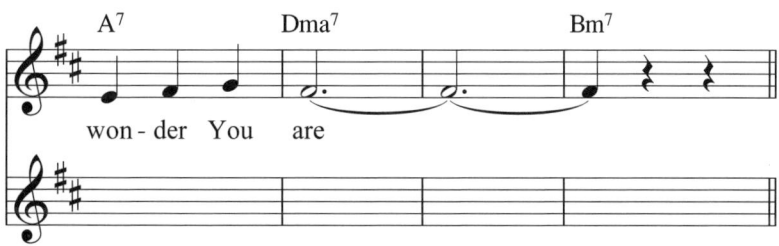

예배자를 위한 작곡 편곡

Chapter 14

Chapter 14

자유 즉흥연주(Free Improvisation)

자유 즉흥연주의 의미는 주어진 특정한 선율선이 없이 화성위에 즉흥적으로 만들어지는 것을 말한다.

진행(The Process)

1. 전체적인 곡의 화성진행을 숙지하라!
2. 각 화음의 특징들을 잘 이해하라! (이것은 연주자로 하여금 자동차의 운전대와 같은 역할을 해줄 것이다.)
3. 작은 동기나 단순한 모양의 선율선을 만들어 보라!

다음의 예는 5도 음정의 순환관계로 짜여진 8마디의 화성 진행을 보여주는 악절이다.

예제 14.1 5도 순환 화성표

다음은 직선동기와 5도 순환화성을 함께 조합하여 만든 악절이다.

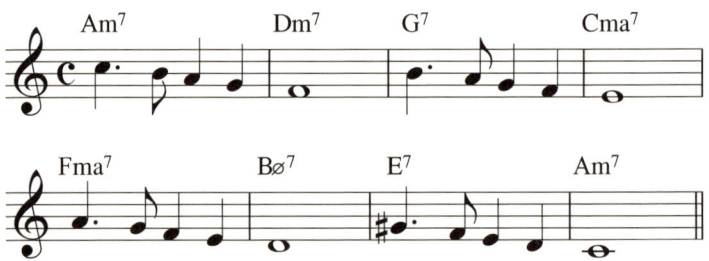

다음은 보다 음악적 색감을 입힌 악절의 예이다.

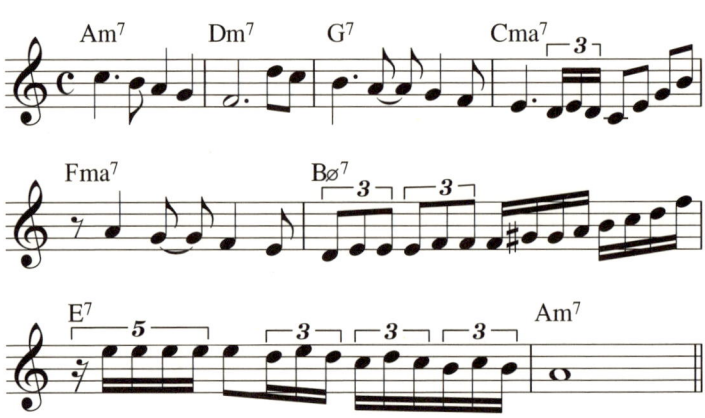

다음의 예는 파헬벨의 '캐논'형식을 응용한 것이다.

예제 14.4 공통적인 화성진행위에 직선선율

위의 주어진 선율선에 간단한 장식을 입혀보자.

예제 14.5

조금 더 다른 장식을 통해 선율선을 만들어 보자.

예제 14.6

예제 14.7

Chapter 14

다음의 예는 위에서 적용해 본 다양한 방법들을 활용하여 주어진 화성 위에 작편곡된 즉흥 연주곡을 만든 것이다.

예제 14.8